세계사를 바꾼
# 15번의
# 무역전쟁

춘추전국시대부터 팍스 아메리카나까지

# 세계사를 바꾼
# 15번의
# 무역전쟁

자오타오, 류후이 지음 | 박찬철 옮김

위즈덤하우스

# 끝나지 않은 대결의 역사

2018년 상반기 이후 미국과 중국 사이의 경제적 마찰이 격해지면서 무역전쟁을 향한 사람들의 관심이 갈수록 커지고 있다. 그렇다면 무역전쟁은 무엇일까. 무역전쟁은 실질적인 무역이익을 둘러싸고 국가들이 발전기회와 생존공간을 빼앗기 위해 충돌하는 것이다. 광의의 무역전쟁은 무역마찰과 쟁탈, 보복과 재보복 등 연이은 과정을 포괄하고, 그 형식은 관세장벽, 덤핑(손해를 감수하고 싸게 수출하는 것), 외환의 평가절하, 경제봉쇄, 경제제재 등 매우 다양하다. 일반적 상황에서 무역전쟁은 정치나 외교상의 격렬한 충돌을 수반한다. 또한 무력충돌의 위험을 내포하며, 극단적인 상황에서는 실제로 전쟁의 기폭제가 되기도 한다.

무역전쟁의 역사는 매우 오래되었다. 중국에서 가장 오래된 무역전쟁은 춘추시대 관중管仲이 벌인 '화폐전쟁'으로까지 거슬러 올라간다. 서양에서는 12세기부터 지중해를 중심으로 향료를 차지하기 위한 무역전쟁이 대규모로 전개되었다. 고전적 자유무역이론은 장애나 장벽 없이 '시장이 모든 것을 결정한다'는 이상적인 무역체제를 이야기하지만, 이처럼 순수한 자유무역은 현실에서 결코 존재한적이 없다. 어떤 의미에서 무역전쟁은 사실상 무역이 발전하는 과정에서 나타나는 일상적 현상이고, 따라서 무역의 본질에서 비롯된 것이라 할 수 있다.

이 책은 무역전쟁의 원인과 형식을 살펴보고, 어떠한 무역전쟁이 세계사의 판도에 영향을 미쳤는지 알아본다. 또한 누가 무역전쟁을 일으켰고, 얼마나 계속되었으며, 그 결과는 어떠했는지 등을 간략하게 살펴본다. 하늘 아래 새로운 일이란 없다. 역사를 스승으로 삼으면 무역전쟁의 현재와 미래를 훨씬 잘 이해할 수 있을 것이다.

:

## 무역전쟁의 근본적 원인

전통적 자유무역은 수직적 국제분업을 전제한다. 서로 다른 분업단계의 나라들이 시장에 함께 참여하는 동시에 경쟁우위를 상호 보완해 균형을 이루는 이상적인 상태를 가정한 것이다. 하지만 실제로 모든 나라가 이런 균형 속에서 비교이익을 누릴 수 있는 기간은 짧다. 나라마다 이익의 크기가 다르기 때문이다. 국제분업에서 비교적 높은 단계에 있는 나라는 낮은 단계에 있는 나라보다 얻는 이익이 크다. 그런데 경제발전은 동태적이어서 경제가 발전하거나 쇠퇴함에 따라 국제분업에서 차지하는 위치가 변하게 되고, 이로써 기존의 경제질서를 타파하고자 하는 시도가 발생한다. 처음에는 서로 보완하며 발전하던 두 나라가 경제발전으로 경쟁우위가 같아져 상호 경쟁하기 시작하면 무역마찰과 충돌은 자명한 일이 된다.

비교적 먼저 발전한 나라는 시장점유율을 높이기 위해 덤핑을 무기 삼을 수 있고, 발전이 느린 나라는 자유무역에서 보호무역으로 방향을 바꿀 수 있다. 이것이 무역전쟁의 근본적 원인이다. 나라마다 경제발전의 수준과 사회제도의 차이가 크기 때문에 무역으로 얻는 실제 이익의 균형을 맞추는 것은 매우 어려운 일이다. 그래서 무역전쟁의 역사는 지금도 계속되고 있다. 참고로 한마디 더 하자면, 역사적으로 무역마찰과 충돌은 종종 세계 경제의 쇠퇴를 더욱 심화했다.

지금까지 설명한 것 외에 정치경제학의 관점에서 보면 다음 요인들도 무역전쟁을 일으켰다고 할 수 있다. 첫째, 국가 간의 적대적 관계다. 모든 나라는 정책을 활용해 국제무역에서 얻는 이익을 조절한다. 자국의 이익을 높이고 타국의 이익을 낮추는 식이다. 이 때문에 무역전쟁은 적대하는 국가들이 대결하는 '두 번째 전장'이 된다. 제2차 세계대전 후 세계를 파멸시킬 수 있는 핵무기를 가진 초강대국 미국과 소련은 대규모 전면전을 '총성 없는 전쟁'으로 대치했다. 냉전시대의 국제무역은 식량에서 석유까지 모든 영역에서 두 나라의 대결로 점철되었다.

둘째, 패권의 교체다. 16세기의 포르투갈부터 17세기의 네덜란드, 18세기와 19세기의 영국을 거쳐 20세기의 미국까지, 세계 정치

경제를 주도한 패권국은 계속해서 변했다. 무역전쟁의 역사를 보면 패권국이 쇠락할 때 국제적인 무역전쟁이 유달리 빈번했음을 알 수 있다. 쇠락을 겪는 와중에 보호무역을 주장하는 사람들이 주도권을 차지, '수세'로 전환하기 때문이다. 예를 들어 경쟁우위를 점하는 선진 공업국은 낙후된 통상국이 발전할수록 이익을 얻는데, 그 발전이 선진 공업국을 따라잡을 정도가 되면 두 국가의 이익은 충돌할 수밖에 없고, 결국 무역마찰이 발생하게 된다. 1970년대 일본 경제는 급속도로 굴기해 미국의 경제패권에 도전했다. 하지만 이 때문에 일본은 장장 30여 년간 미국과 무역전쟁을 치러야 했고, 결국 '일본 경제의 기적'도 끝나버렸다.

셋째, 이익집단의 입김이다. 정부는 사회복지를 최대화하기보다는 정치적 지지를 최대화하는 정책을 추구한다고 보는 경제학 관점이 있다. 이때 정책은 영향력이 가장 큰 집단의 이익을 반영한다. 이 책 2부 4장에서 소개하는 '스무트-홀리 관세법 무역전쟁'이 좋은 예다.

⋮

진화하는 무역전쟁

세계화의 진전에 따라 무역전쟁의 형식 또한 끊임없이 변화하고 진화했다. 최초에는 주로 물가담합이나 전략자원의 유출을 통제하는, 비교적 단순한 방식으로 상대방의 경제균형을 파괴하는 수준이었다. 이후 시장과 물자의 공급원을 빼앗는 일이 더해졌다. 종국에는

**관세장벽** 1898년 여러 식민지를 놓고 스페인과 싸워 이긴 미국은 푸에르토리코를 빼앗는다. 미국은 푸에르토리코를 점령함과 동시에 영어교육을 의무화하고 자국 법을 적용하는 등 '미국화'하지만, 무역만큼은 높은 관세장벽을 쌓아 본토의 산업을 철저히 보호한다.

때때로 전쟁으로까지 비화했다. 중국 역사에서 관중이 '사슴을 사 모아 초楚나라를 제압한 일(매록제초買鹿制楚)'이나 송宋나라와 요遼나라의 무역전쟁 등이 대표적인 예다.

인류 역사가 분산에서 통합으로 나아감에 따라 국제적 경제관계 또한 한층 긴밀해졌다. 이는 일부 국가의 대외무역 의존도가 계속해서 심화한다는 것을 의미한다. 그래서 몇몇 국가는 경제봉쇄를 수단으로 상대를 공격해 경제력을 약화하려고 시도했다. 아주 많은 사례가 있다. 나폴레옹은 일찍이 대륙봉쇄로 영국 경제를 무너뜨리고 유럽에서 패권국의 지위를 확립하려고 했다. 미국 남북전쟁에서 북군은 해상봉쇄로 남군의 보급로를 차단, 승리를 거두었다.

근대에 이르러 가장 흔히 볼 수 있는 무역전쟁의 형식은 관세장벽이다. 역사상 수많은 나라가 관세장벽을 쌓았다. 1893년 프랑스와 스위스 사이에 제1차 무역전쟁이 발발했는데, 그 주요 방식이 바로 수입관세 인상이었다. 이 결과로 프랑스가 스위스에 수출하는 상품은 43퍼센트, 스위스가 프랑스에 수출하는 상품은 27퍼센트 감소했다. 1893년 러시아와 독일 사이에서도 무역전쟁이 발발해 서로 수입관세를 50퍼센트나 올렸는데, 쌍방의 손실이 너무 커 1년 후에 부득불 화해할 수밖에 없었다.

제2차 세계대전 이후에는 관세장벽 같은 무역전쟁의 전통적인 형식 외에도 비관세장벽이 보편화되었다. 비관세장벽이 적용되는 범위는 매우 넓은데, 관세를 제외한 무역 전반이다. 가장 흔히 쓰이는 도구로는 수입할당(쿼터), 수출보조금, 수출자율규제, 국산화 요구, 반덤핑, 상계관세, 보호조치, 수입허가, 기술적 무역장벽, 정부조달, 국내 무역법에 근거한 제재 등이 있다. 바나나와 철강을 놓고 벌어진 미국과 유럽의 무역전쟁에서 이런 복잡하고도 잘 드러나지 않는 무역전쟁의 형식을 볼 수 있다.

⋮

## 역사의 방향을 바꾼 무역전쟁

역사상 수많은 무역전쟁이 있었다. 이들 무역전쟁은 역사의 방향과 인류의 운명에 커다란 영향을 미쳤다. 작게는 왕조의 흥망에 영향을 미쳐 수십 년간 지역정치의 판도를 뒤흔들고, 크게는 인류 문명의 전반적인 흐름을 바꾸었다.

대표적인 예가, 첫째, 명나라의 '호시互市무역'이다. 명나라의 북방 변경은 해마다 타타르족Tatar(몽골족의 일파)이 만리장성을 넘어와 소요를 일으키는 등 전란이 끊이지 않았다. 재상 장거정張居正은 호시무역과 쇠솥무역이라는 두 패를 사용해 소리소문없이 북방의 평화를 위협하는 요소를 제거했다. 이로써 지난날 전란이 빈번했던 만리장성 인근 지역은 무역의 요지가 되고, 중요한 무역로가 생겨나 대규모의 상단이 지나는 등 명나라의 융만중흥隆萬中興(융경제隆慶帝와 만력제萬曆帝 시절의 태평성세)을 이끄는 추동력이 되었다.

둘째, 대항해시대를 연 '향료무역'이다. 중세 시기 베네치아와 아랍의 상인들이 손잡고 지중해 향료무역을 독점하자 향료를 향한 유럽인들의 갈망은 직접적으로 대항해시대를 촉진했고, 그 결과 유럽은 수백 년에 걸쳐 세계의 패권을 차지할 수 있었다. 대항해시대 이전, '세계'는 상상으로만 존재하는 개념이었다. 하지만 대항해시대 이후, 동서양 교류가 본격화하면서 세계는 비로소 상호 영향을 주고받는 '전체'가 되었다.

셋째, 제2차 세계대전을 촉발한 '관세전쟁'이다. 1929년 미국의 증시가 폭락하며 가공할 연쇄반응을 일으켰다. 예금이 빠져나가 은행이 도산하고, 공장이 문을 닫아 실업자가 급격히 늘었다. 전체 은행업과 경제시스템이 위기에 빠진 것이다. 이를 극복하고 국내 시장을 활성화하기 위해 미국은 수입관세를 대폭 인상했다. 이로써 자본주의 세계를 휩쓴 관세전쟁이 시작되고 세계 경제는 장장 10

여 년에 걸쳐 불황을 겪게 되니, 이것이 바로 대공황이다. 나비의 날갯짓이 태풍을 일으킨다는 말처럼 독일도 이 영향을 받아 대공황의 심연으로 빠져들었다. 이후 발발한 제2차 세계대전의 포연과 혼란은 미국의 거대한 관세장벽을 완전히 집어삼켰다.

∴

## 반세계화와 세계화의 갈림길에 서서

자유무역과 보호무역의 다툼은 끝나지 않았다. 영미로 대표되는 자본주의 국가들은 오랫동안 자유무역을 떠받들며 제창했지만, 이들 국가에서도 보호무역은 여전히 한자리를 차지하고 있다. 일찍이 '해가 지지 않는 나라'였던 영국이 네덜란드와 스페인을 격파하고 해상무역의 패권을 획득하기 위해 활용한 것도 바로 보호무역이었다.

1485년 헨리 7세는 양모산업을 적극적으로 보호하는 무역정책을 펼쳤고, 1587년 엘리자베스 1세는 아예 양모의 수출을 전면 금지했다. 1699년 영국 의회는 양모법을 통과시켜 식민지산 양모제품의 수입을 금지했고, 이듬해에는 인도산 면직물의 영국 내 판매를 금지하는 법을 통과시켰다. 1815년에는 새로운 곡물법을 통과시켜 농업에 대한 보호를 강화했다. 산업혁명이 시작되고부터 100년이 지나 세계에서 가장 발전한 자본주의 국가가 된 후에야 영국은 무역과 관세의 규제를 폐지하고 자유무역을 부르짖었다.

미국의 상황도 이와 유사하다. 후발 자본주의 국가 중 선두주자였던 미국은 사실 높은 관세장벽에 힘입어 성장했다. 1820년대부

## 20세기의 주요 무역전쟁

| 무역전쟁 | 형식 | 배경 | 결과 |
|---|---|---|---|
| 스무트-홀리 관세법 무역전쟁 (1930~34) | **미국**이 수입품 2만여 종의 수입관세를 인상함. | 대공황. | 30여 개국의 항의와 관세 보복을 불러옴. 유럽 국가들과 미국 모두 손해를 보았고, 세계적 대공황을 초래함. |
| 닭고기 무역전쟁 (1963~64) | **유럽 국가들**이 미국산 닭고기에 고액의 수입관세를 매기고 가격을 통제하자, 미국이 유럽 국가들에서 수입하는 농산물과 공산품에 높은 수입관세를 매겨 반격함. | 미국의 인플레이션. | 쌍방이 화해해 미국은 평균 37퍼센트의 수입관세를, 유럽은 평균 35퍼센트의 수입관세를 낮춤. |
| 미국·일본 무역전쟁 (1960년대 ~1990년대) | **미국**이 방직, 철강, 컬러텔레비전, 자동차, 반도체, 통신 등의 분야에서 일본을 상대로 덤핑 여부를 조사함. 이후 일본에 불리한 판결을 내리고, 통상법 301조(이하 301조)'와 이를 한시적으로 강화한 '슈퍼 301조'를 제정하여 제재와 규제를 가함. | 미국의 경기 침체와 일본이 비약적 경제발전. | 일본이 수차례 수출자율규제를 실시하고, 미국에 시장을 개방함. 또한 '플라자합의'를 이룸. 이로써 일본은 거품경제가 붕괴, 1991년부터 10년간 극심한 불황에 시달림. |
| 미국·캐나다 무역전쟁 (1982~2001) | **미국**이 캐나다산 목재를 대상으로 덤핑 여부를 조사하고 징벌성 수입관세를 징수함. | 미국과 유럽 국가들의 경기침체. | '코르크협정'을 체결했으나, 몇 년마다 목재 때문에 무역마찰이 발생함. |
| 밀가루 식품 무역전쟁 (1985~86) | **미국**이 유럽 국가들의 오렌지 수입 관련 제도에 불만을 품고 유럽산 밀가루 식품에 수입관세를 부과하자, 유럽 국가들도 미국산 호두와 레몬에 수입관세를 부과함. | 미국과 유럽 국가들의 경기침체. | 협의를 도출해 유럽 국가들의 손실이 크지 않았음. 하지만 이후로도 농산물은 무역마찰의 쟁점이 됨. |

| | | | |
|---|---|---|---|
| 바나나 무역전쟁<br>(1993~2012) | 유럽연합(European Union, EU)이 수입허가제, 수입할당제 등으로 미국산 바나나 수입을 제한함. 이에 미국이 301조를 동원하여 EU에서 수입하는 각종 물품에 보복성 수입관세를 부과함. | EU가 강력한 경제공동체가 됨. | 협의를 도출해 미국이 보복성 수입관세를 철회함. |
| 철강 무역전쟁<br>(2002~2003) | 미국이 철강과 관련 제품에 3년 기한으로 높은 수입관세를 부과함. | 전 세계적으로 철강이 과잉 공급됨. | EU와 아시아의 철강산업이 손실을 봄. 2003년 말 미국이 수입관세를 철회함. |

터 1930년대까지 거의 100여 년간 미국은 세상에서 보기 드문 보호주의 관세정책을 시행했다. 미국의 신흥산업, 성장기산업, 약소산업은 줄곧 철옹성 같은 관세장벽에 둘러싸여 보호받았다.

이처럼 선진국은 국가의 이익을 최대화하기 위해 불경기 때는 보호무역을 택하고, 경기가 좋을 때는 자유무역을 적극적으로 부르짖는다. 보통 무역전쟁은 경제나 산업이 위기에 처했을 때 발발하는데, 경제가 위기라면 넓은 범위에, 산업이 위기라면 좁은 범위에 영향을 미친다. 예를 들어 1930년대 초반 전 세계를 뒤흔든 관세전쟁, 1993년 이후 미국과 유럽 사이에서 바나나를 놓고 거의 20년간 계속된 무역전쟁이 그렇다. 위의 표를 보면 이런 특징을 더 직관적으로 확인할 수 있다.

20세기 이래 경제의 세계화가 빨라짐에 따라 무역마찰의 빈도도 끊임없이 증가했다. 세계무역기구World Trade Organization, WTO 의 통계에서도 드러나듯이 무역마찰은 대부분 유럽, 미국, 일본 등 소수의 무역대국 사이에서 발생했다. 그중에서도 미국이 비교적 규모가 큰 무역전쟁을 주도했다. 특히 1974년 '301조'를 공포한 이래 125개 항목에 '301조 조사권'을 발동해 중국, EU, 일본, 캐나다, 한국, 브라질 등 WTO 회원국들을 수차례 조사하고, 그중 일부 국가에는 시장개방을 압박하거나 보복조치를 단행했다.

이러한 무역마찰의 결과는 크게 두 가지다. 첫째, 무역마찰은 모든 국가의 이익에 손해를 끼치는데, 특히 관세전쟁으로 이득을 얻는 국가는 없다. 둘째, 수입수요의 가격탄력성(수입가격 변화에 따른 수입수요 변화)이 상대적으로 높은 국가가 비슷한 경제규모를 갖춘 국가와 관세전쟁을 치르면 서로 이익을 침해해 모두 손해를 본다. 반면 경제규모가 다른 국가끼리 관세전쟁을 치르면 대국은 종종 이득을 보지만, 소국은 손해를 본다. 물론 예외도 발생할 수 있다. 예를 들어 미국이 국내 자동차산업을 보호하기 위해 유럽산 자동차에 높은 수입관세를 부과했을 때, 미국 자동차산업은 당장의 경쟁을 피할 수 있었지만, 그럼으로써 신속하게 현대화할 기회를 상실하고 말았다. 결국 미국 자동차산업은 수십 년간 내리막길을 걸었고, 그 와중에 크라이슬러와 제너럴 모터스가 파산해버렸다.

헤겔은 일찍이 "인류는 여태껏 역사에서 교훈을 얻은 적이 없다는 게 인류가 역사에서 얻은 교훈"이라고 말했다. 오늘날 전 세계적으로 무역은 긴밀하게 연계되어 있고, 날로 빈번해지고 있으며, 무역액 또한 계속 증가하고 있다. 하지만 전체 이익이 내림세를 보임에 따라 보호무역이 다시금 고개를 들고, 무역마찰이 격화되고 있

**스미스(왼쪽)와 리카도** 자유무역의 기틀이 되는 이론을 고안한 학자들이다. 오늘날 자유무역은 인류에게 번영과 발전을 가져다주는, 거스를 수 없는 시대적 조류다.

다. 2018년 상반기 미국은 중국, EU, 멕시코, 캐나다, 터키 등의 제품에 높은 수입관세를 부과하며 무역전쟁을 일으켰다. 철강, 알루미늄, 자동차, 농산물, 소비재 등의 관련 산업이 정도는 다르지만 영향받고 있다.

300년 전 애덤 스미스Adam Smith는 《국부론》에서 전문화된 분업이 노동생산성을 높이는 궁극의 원천임을 설명하고 자유무역과의 관계를 분석했다. 200년 전 데이비드 리카도David Ricardo는 비교우위론을 제시하며 현대 무역이론의 기초를 다졌다. 이후 세계 유수의 경제학자들이 비교우위론에 기초한 무역이론을 계속해서 보완해 경제학 교과서에 나오는 자유무역이론을 완성했고, 이는 각국 경제학자와 정책결정자들이 주창하는 자유무역의 학문적 근거가 되었다.

지난 30여 년간 자유무역은 세계에 유례없는 번영과 발전을 가져다주었고, 이렇게 창출된 부는 인류에게 풍요로움을 선사했다. 비록 자유무역이 확산하는 과정은 순조롭지 않아도, 이를 핵심으로 하는 경제의 세계화는 돌이킬 수 없는 시대적 조류다.

오늘날 세계는 다시 한번 역사적인 전환점에 서 있다. 반세계화라는 역풍을 이겨내고 진정한 자유무역을 이룰 때까지 아직도 먼 길을 가야 한다.

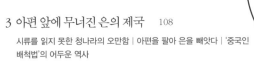

# 1부

## 왕조의 흥망을
## 좌우한 무역전쟁 :

### 춘추전국시대부터
### 대항해시대까지

# 1
# 춘추시대를 제패한
# 제나라의 비밀

—

무역전쟁은 정의가 아닌 경제적 이익을 위해 싸우는 전쟁이고, 무력으로 싸우지 않으면서 상대를 굴복시키는 전쟁이다. 관중을 중국 최초의 경제학자라고 명명하는 것은 일리가 있다. 그는 명확한 경제이론을 제시하지는 않았지만, 구체적인 경제활동으로서 통화, 가격과 시장, 세수와 재정, 국가의 거시경제, 사회적 분업 등을 관리하고 심지어 화폐전쟁까지 일으켰다. 2,000여 년 전 각종 경제수단을 동원한 무역전쟁으로 병기를 쓰지 않고도 상대를 굴복시킨 관중이야말로 무역전쟁의 '비조鼻祖'라 할 수 있다.

—

:

## 병기로 흥하고 식량으로 망한 형산국

중국 춘추시대 제齊나라와 노魯나라 사이에 형산국衡山國이라는 조그만 나라가 있었다. 비록 작은 나라였지만, 형산국은 대형 전차와 각종 병기를 만드는 데 뛰어나 "형산의 날카로운 검은 천하에 비할 것이 없다"라는 말이 돌 정도로 국가 생존에 필요한 특별한 능력을 갖추고 있었다. 하지만 이처럼 뛰어난 병기를 보유하고도 망국의 재난을 이겨내지 못했다.

당시 제나라는 관중의 경제개혁을 거치면서 날로 강성해지고 있었다. 패업霸業의 원대한 뜻을 품은 제나라의 군주 환공桓公이 어찌 바로 이웃한 나라가 자신의 이익을 침해하도록 그냥 내버려 두겠는가. 형산국은 환공이 가장 먼저 제거해야 할 목표가 되었다.

환공은 군대를 보내 형산국을 공격하고자 했다. 하지만 과연 싸워 이길 수 있을지 걱정이 앞섰다. 그래서 관중을 불러 상의했다. 관중은 먼저 무력을 동원하지 말라고 건의했다. 그에게는 대담한 계획이 있었다.

"공께서는 사람을 시켜 형산국의 무기를 비싸게 사십시오. 연燕나라와 대代나라는 반드시 공을 따라 그것을 살 것이고, 진秦나라와 조趙나라도 이를 들으면 분명 공과 그것을 다툴 것입니다. 그러면 형산국의 무기는 가격이 배가 될 것이고, 천하가 이를 다투면 열 배 이상이 될 것입니다."

관중은 무엇을 의도한 것일까. 그는 대형 전차 한 대를 만드는 데 1년 반이 걸릴 정도로 병기 제작에는 시간이 오래 걸린다는 것을 알고 있었다. 만약 제나라가 형산국의 병기를 비싼 값으로 사면 인접

**관중**　어린 시절 상업에 종사하다가 정치에 뛰어들었다. 관중을 중용한 환공은 군대를 동원한 세 번의 회맹(會盟)과 여섯 번의 평화회담을 주관, 춘추전국시대 최초의 패왕(霸王)이 되었다. 이에 환공은 관중을 중부(仲父)로 존중했다.

한 연나라와 대나라도 방어력을 높이기 위해 반드시 따라 사게 될 것이고, 진나라와 조나라도 제나라가 그들을 공격할 것이라고 여겨 분명 따라 살 것이다. 이렇게 되면 형산국의 병기가격은 대폭 상승할 것이 분명하다. 그런데 형산국의 병기생산량은 정해져 있다. 만약 온 천하가 형산국의 병기를 앞다투어 사려고 한다면 가격이 반드시 열 배 이상 오를 것이고, 이에 따른 연쇄효과는 형산국이 예상하거나 통제할 수 없다. 그때가 되면 자연스럽게 형산국을 무너뜨릴 방법이 생긴다는 것이다.

환공은 관중의 의견을 받아들여 형산국에 고가로 각종 병기를 주문하도록 했다. 이렇게 열 달이 지나자 관중의 예상대로 연나라와 대나라, 조나라와 진나라가 가격을 불문하고 앞다투어 형산국의 병기를 사기 시작했다. 형산국으로서는 생각지도 않은 호박이 덩굴째 굴러온 셈이었다. 몰려드는 주문에 형산국의 군주는 정신을 못 차릴 정도로 기뻐하며 "세상이 우리 병기를 앞다투어 사려고 하니 가격을 열 배로 올려라"라고 명했다. 이렇게 천하 각지에서 병기 주문이 쇄도하자 형산국의 백성은 환호성을 지르며 농사를 팽개치고 병기공장으로 달려갔다. 결국 농사짓는 사람이 없으니 형산국의 토지는 황폐해지고 말았다.

1년이 지난 후 관중은 형산국에 사람을 보내 고가로 식량을 사 모으도록 했다. 이 소식을 들은 온 천하의 상인들이 형산국을 거쳐 제나라에 식량을 팔기 시작했다. 그 후 5개월 만에 각국의 식량 대부분이 제나라에 도착했고, 식량의 가격은 세 배가 뛰었다. 결국 17개월 만에 형산국의 병기가격은 열 배, 식량가격은 세 배 오르게 된 것이다. 바로 이때 제나라는 돌연 형산국의 병기가 필요 없다고 선언하고 국교를 끊어버렸다.

형산국은 혼란에 빠졌다. 제나라가 일방적으로 계약을 파기하자 그간 고가로 병기를 사던 다른 나라들도 거래를 끊었다. 병기로 돈을 벌지 못하게 된 것이다. 게다가 모든 백성이 병기를 만드느라 농토가 황폐해져 기근이 닥치자 어쩔 수 없이 제나라에서 고가로 식량을 수입할 수밖에 없었다. 형산국은 순식간에 파산하고 말았다.

제나라는 국경에 병력을 집결하고 노나라와 연합해 형산국을 공격하기로 합의했다. 제나라는 형산국의 북쪽을, 노나라는 형산국의 남쪽을 공격했다. 당시 형산국은 병기를 다 팔아버린 데다가 기근이 들어 백성 대부분이 제나라로 도망간 후라 싸울 수 없었다. 결국 내우외환에 처한 형산국의 군주는 고심 끝에 결정을 내렸다.

"무기도 없이 두 적을 상대하느니, 차라리 나라를 제나라에 바치고 귀순하는 것이 낫겠다."

이렇게 제나라는 완벽한 승리를 거두었다. 식량을 통제해 경제의 주도권을 장악함으로써, 칼에 피 한 방울 묻히지 않고 형산국을 차지할 수 있었다.

:

## 노나라와 양나라를 무너뜨린 환공의 패션

무역전쟁에서 포연은 피어오르지 않는다. 하지만 돈의 위력은 총칼과 비교해도 손색이 없다. 환공은 자타공인 패자霸者로 인정받기 위해 겹겹이 놓인 장애물을 지나야 했다. 제나라를 둘러싼 강대국들이 군사력과 존왕尊王의 명분을 앞세워 견제하므로 패권을 확실히 움켜쥐는 데 어려움이 있었다. 이를 타개하고자 환공은 관중이 건의한 대로 대내적으로는 경제를 빈틈없이 관리하고, 대외적으로는 기민한 무역전략으로 경제적인 측면에서 적국에 공격을 가했다.

가장 대표적인 것이 노魯나라와 양梁나라를 상대로 펼친 관중의 계책으로, 그는 금과 은으로만 소리소문없이 두 인접국을 동시에 굴복시켰다.

이야기는 환공 2년(기원전 684년)에 시작된다. 제나라는 인접한 노나라, 양나라와 끊임없이 충돌했다. 환공은 군주가 된 후 이 두 나라를 눈엣가시로 여기고 어떻게든 병탄並呑하고자 했다. 그는 관중에게 계책을 물었다.

"노나라와 양나라는 제나라에 밭 주변의 잡초와 같고 벌의 침과 같으며 치아 밖의 입술과 같습니다. 현재 나는 저 두 나라를 공격하고자 하는데, 어떻게 해야 할까요?"

관중이 잠시 생각하고 답했다.

"노나라와 양나라의 많은 백성이 노호魯縞(노나라 특산 방직물)를 만드는 일을 생업으로 삼고 있습니다. 만약 군주께서 노호로 만든 옷을 입는다면 좌우의 근신들 또한 반드시 따라서 입을 것이고, 그들이 노호를 입기 시작하면 백성도 따라서 입게 될 것입니다. 다만 백성에게 노호를 만들지 말고 밭을 경작하는 데 전력하라고 명하십시오. 그리고 노나라와 양나라에서 노호를 수입한다면 두 나라는 농사는 제쳐두고 노호를 만드는 데 집중할 것입니다."

노호는 본래 특별한 것이 아니라 노나라와 양나라에서 생산되는

**환공** 관중은 원래 환공의 형 규(糾)를 제나라 군주로 만들기 위해 환공을 죽이려 했다. 우여곡절 끝에 군주의 자리에 오른 환공은 복수하려 하지만, 주위의 만류로 관중을 중용하고 그의 말을 따르니, 그릇의 크기가 남다르다 하겠다.

방직물일 뿐이었다. 그러나 환공이 관중의 계획을 따라 노호로 만든 옷을 입자 불티나듯 팔려나가기 시작했다. 제나라의 귀족들이 노호를 입자 아랫사람들도 노호를 따라 입기 시작했다. 한순간에 노호열풍이 불었다. 하지만 군주가 제나라에서는 노호를 만들지 못하게 했으므로 상인들은 경쟁하듯 노나라와 양나라로 달려가 노호를 사 모으기 시작했다. 그러자 노호의 가격이 순식간에 뛰어올랐다.

관중이 직접 나서 이를 부채질했다. 그는 노나라와 양나라 상인들에게 말했다.

"제나라는 노호가 급히 필요하니 그대들이 나에게 노호 1,000

필을 가져오면 300금을 주고, 1만 필을 가져오면 3,000금을 주겠소."

이렇게 가격이 천정부지로 높아지자 너도나도 노호를 만드는 데 달려들었다. 노나라와 양나라의 집들에서 천 짜는 소리가 끊이지 않았다. 두 나라의 군주들도 이를 장려했다. 1년 후 관중은 두 나라에 사람을 보내 상황을 염탐하게 했다. 염탐꾼의 보고는 관중이 예측한 것과 정확히 맞아떨어졌다.

"노나라든 양나라든 성안의 길은 사람, 말, 마차 할 것 없이 모두 노호를 운반하느라 바빠 흙먼지가 날립니다. 반면 밭을 가는 사람은 거의 없습니다."

이에 관중이 환공에게 말했다.

"시기가 무르익었습니다. 두 나라를 취할 수 있습니다. 먼저 군주께서 비단옷으로 바꿔 입으십시오. 그러면 백성도 더는 노호로 만든 옷을 입지 않을 것입니다. 그리고 국경의 관문을 봉쇄하고 노나라, 양나라와의 왕래를 막으십시오."

군주와 귀족이 비단옷으로 바꿔 입자 노호로 만든 옷은 곧바로 유행에서 밀려났다. 시장에 물건이 넘쳐나도 사려는 사람이 없었다. 노나라와 양나라는 상황이 더 심각했다. 제나라가 관문을 걸어 잠그니 순식간에 판매처를 잃은 엄청난 양의 노호가 그대로 창고에 쌓여 방치되고 있었다. 다시 수개월이 지나 관중이 한 번 더 사람을 보내 노나라와 양나라의 상황을 염탐하게 했다. 염탐꾼은 두 나라의 백성이 끼니도 제대로 못 먹고 세금도 내지 못할 정도로 상황이 엉망이라고 보고했다. 두 나라의 군주들이 부랴부랴 농사일에 힘쓰라고 명했지만, 씨를 뿌리고 수확을 하기까지는 시간이 오래 걸렸고, 수확한다 해도 땅이 황폐해진 지 오래된 터라 생산량이 그리 높지 않았다.

어쩔 수 없이 노나라와 양나라는 그간 농사를 열심히 지어온 제나라에서 식량을 수입해야 했다. 관중은 가차 없이 가격을 올려 한 석당 1,000전을 요구했다. 이는 정상가의 거의 100배에 달하는 가격이었다. 이렇게 해서 두 나라의 재정은 거의 바닥을 보이게 되었다.

이 '화폐전쟁'은 어떻게 마무리되었을까.《사기》에는 이렇게 기록되어 있다.

"2년 후 노나라와 양나라의 백성 중 제나라에 귀의한 자가 무려 10분의 6에 달했다. 3년 후 두 나라의 군주들은 신복臣服을 청했다."

바로 이것이《손자병법》에서 최고로 치는 '싸우지 않고 상대를 굴복시키는 전쟁'의 진정한 표본이다.

## 사슴이 초나라를 무너뜨리다

춘추시대 각국의 경제구조는 아주 단순했다. 교역상품은 식량, 소금, 포목, 금속 등 국가의 운영과 백성의 생활에 필수적인 품목을 벗어나지 않았다. 관중은 물가를 조정해 적국의 경제를 약화하고 제나라에 일방적으로 의존하게 했다. 이로써 제나라의 경제적 주도권을 확실하게 했다. 당시 그는 무역전쟁의 본질을 분명하게 파악하고 있었다. 사슴을 사서 초나라를 제압한다는 '매록제초'의 일화에서도 그의 구상을 분명하게 알 수 있다.

초나라는 역사가 길고 인력과 물자가 풍부한 대국으로 인접한 제나라에 늘 딴지를 걸며 환공의 계획을 사사건건 방해했다. 환공은 군대를 이끌고 가서 겁주려 했으나 힘이 미치지 못할까 봐 두렵기도 하고, 강 대 강으로 부딪친다고 꼭 이득을 얻는다는 보장도 없어 차마 실행하지 못했다. 그래서 관중의 권고에 따라 무역전쟁을 벌이기로 했다. 초나라 군주는 형산국 군주처럼 근시안적이지 않았기에 민생물자를 사 모은다면 곧바로 경계할 것이 분명했다. 관중은 고심 끝에 사냥터를 만든다는 명분으로 초나라에 거금을 주고 사슴을 사 오라고 제안했다.

곧바로 수백 명의 제나라 상인이 대규모 상단을 꾸려 마차에 돈을 가득 싣고 사슴을 사기 위해 초나라로 향했다. 그들은 시장에서 "환공은 사슴을 좋아해 사슴 사는 일에 거금을 아끼지 않는다!"라고 외쳤다. 당시 초나라의 사슴이 유명한 편이었지만, 그렇다고 희귀한 동물은 아니었다. 초나라 사람들은 사슴을 먹거리로 여겨 통상 2전이면 한 마리를 살 수 있었다. 그런데 제나라 상인들이 오자마자 가격이 오르기 시작했다. 처음에는 한 마리 가격이 3전으로 올랐다가 보름 만에 5전으로 올랐다. 시간이 지날수록 가격은 계속해서 올랐다. 결국에는 100전을 내야 겨우 한 마리를 살 수 있게 되었다.

워낙 기이한 일이라 초나라 군주도 알게 되었다. 이상하게 생각한 그가 사람을 보내 조사하도록 했다. 이후 보고받기를 제나라에서 사슴을 사는 것은 사냥터를 만들어 환공을 기쁘게 하려는 것이라고 했다. 이에 초나라 군주는 너무 빨리 마음을 놓고 말았다. 제나라가 망할 길을 스스로 찾아가고 있다고 생각해 성대한 연회를 열 정도였다. 주연酒宴을 즐기던 그가 기쁨에 겨워 소리쳤다.

"10년 전 위衛나라 군주는 오락에 빠져 뜻을 잃었다. 학을 너무 좋아해 그것을 사는 데 돈을 낭비하다가 결국 재정을 바닥내고 망해버렸다. 지금 환공이 사슴을 좋아한다고 하니 이는 위나라가 망한 전철을 따라 밟는 것과 똑같지 않은가. 이는 초나라의 복이다!"

제나라가 거금을 들여 사슴을 사는 일은 초나라에서 엄청난 파문을 일으켰다. 농부들은 사슴 한 마리가 식량 100석과 값이 같다는 사실을 알고는 농토를 버리고 사슴을 잡으러 분분히 산으로 갔다. 사냥꾼이 많아질수록 사슴은 줄어들었다.

**매록제초** 청나라 때 황제가 사슴을 사냥하는 장면이다. 관중은 사냥터를 만든다는 이유로 초나라의 사슴을 왕창 사들여 방심케 하고, 경제를 어지럽게 했다. 무력을 동원하지 않고도 대국 초나라를 무너뜨린 것이다.

초나라가 앞으로 어떻게 될지는 뻔한 일이었다. 하지만 관중은 아직 충분하지 않다고 생각했다. 그는 다시 상인들을 시켜 소문을 냈다.

"우리가 사슴 사는 것을 도와주시오. 사슴 20마리를 주면 100 금을 주겠소. 200마리를 주면 1,000금을 주겠소."

"상이 크면 반드시 용사가 나온다"라는 말처럼, 가격이 오를수록 초나라 전체가 사슴을 잡는 데 매달렸다. 사람들은 본래 직업을 제쳐두고 사슴을 잡으러 숲속으로 들어갔다. 심지어 병사들까지 병기를 사용해 사냥에 나섰다. 이렇게 1년이 지나자 초나라의 농토는 크게 황폐해졌지만, 관부官府와 민가에는 돈이 산처럼 쌓였다.

하지만 이어 발생한 사건들은 초나라를 충격에 빠뜨렸다. 초나라의 크고 작은 식량창고는 바닥을 보였고, 제나라와 인접한 변경의 요지는 연이은 기근으로 민란이 들끓었다. 초나라 군주는 당황하지 않았다. 돈이 있었기 때문이다. 그는 제나라에서 식량을 사 오도록 했다. 그런데 제나라가 국경을 봉쇄하고 초나라에 식량을 팔지 않는 것 아닌가. 이뿐 아니라 관중은 다른 제후국들이 초나라에 식량을 파는 것도 금지했다. 어쩔 수 없이 초나라는 창고를 가득 채운 황금과 돈을 헛되이 지키면서 굶주림을 참아야 했다.

날이 갈수록 초나라 민심은 동요하기 시작했다. 불안감을 키우기 위해 제나라는 초나라와 맞댄 천猝이라는 곳에 식량을 쌓아놓고 이렇게 공지했다.

"이곳에는 식량이 있다. 굶어 죽고 싶지 않은 사람이라면 초나라를 떠나 제나라로 오면 된다."

수많은 초나라 사람이 제나라로 달아났음은 당연지사다.

시기가 이르렀음을 확인한 관중은 군대를 모아 위풍당당하게 초나라 국경을 침입했다. 이 시기 초나라 민심은 이미 흩어졌고 군대도 굶주림으로 싸울 힘이 남아 있지 않았다. 초나라 군주는 밥상 위에 올라온 물고기처럼 환공의 처분만 기다릴 뿐이었다. 결국 그는 자존심을 꺾고 화친을 청한 다음 환공을 춘추시대의 패주霸主로 받들었다.

　관중은 이런 무역전쟁을 여러 차례 벌였다. 지금까지 이야기한 나라 외에 내莱나라, 거莒나라, 대나라 등도 모두 관중이 벌인 무역전쟁으로 쓰러졌다. 경제시스템이 왜곡되고 식량위기를 겪은 끝에 결국 칼 한 자루, 창 한 자루도 써보지 못하고 제나라에 패하고 만 것이다.

　지금까지 살펴본 것처럼 관중은 모든 화폐전쟁에서 그의 경제사상인 '경중지술輕重之術'을 관철하고 있음을 알 수 있다. 경중지술은 이렇게 요약할 수 있다.

　상품과 돈 둘 다 가치를 지니는데, 가치가 낮아지면 천해지고, 천해지면 경輕해진다. 반대로 가치가 높아지면 귀해지고, 귀해지면 중重해진다. 경중은 유통량으로 결정되는데, 흩으면 경해지고 저장하면 중해진다. 이렇게 상품과 돈의 경중은 딱 상반된다. 돈이 중해지면 물자가 경해지고, 돈이 경해지면 물자가 중해진다. 그러므로 "천하를 다스리려는 자는 반드시 중한 흐름을 신중하게 지켜 (우리에게 중요한 것들이) 천하에 흩어지지 않게 해야 한다. 그러면 중한 것이 다 모이는데, 이는 물이 낮은 곳으로 흐르는 것과 같다[故善爲天下者 謹守重流 是天下不吾泄矣 彼重之相歸 如水之就下]." 이를 적용하면 한편으로는 본국 소유의 핵심 물자는 단단히 지켜 무역으로 타국에 유통되지 않게 하고, 다른 한편으로는 타국의 핵심 물자를 무역으로 흡수할 수 있다. 한마디로 물자의 공급을 전략적으로 조정하면 경제의 맥을 수월하게 장악할 수 있다는 것이다.

# 2
# 중원의 주인을 결정한
# 돈의 힘

—

중국 중원을 차지한 왕조와 북방 유목민족 간의 변경무역인 호시무역은 한漢나라 때 처음 시작되었고, 수당隋唐제국 이후에는 왕조마다 전담 관리기구를 두고 운영되었다. 호시무역은 송나라와 명나라 때 성행했는데, 특히 송나라의 '차마호시茶馬互市'는 서남지역의 안정을 유지하는 데 중요한 역할을 했다. 이처럼 호시무역은 일종의 변경정책으로 전략적 의미를 지녔다. 때로는 어느 한쪽의 실력을 강화하기도 하고, 때로는 약화하기도 함으로써 심지어 왕조가 바뀌는 결과를 낳기도 했다.

—


:

## 송나라와 요나라, 각장에서 진검승부를 벌이다

아무리 화려한 문화를 자랑하고 경제적으로 번영한 나라라도 이를 보호할 군사력이 없다면 비극적 운명은 정해진 것이나 다름없다.

송나라가 대표적인 사례다. 그래서인지 사람들은 군사적·정치적 측면에서 송나라와 북방의 요나라, 금金나라가 치른 전쟁에 주로 관심을 품는다. 하지만 이 책은 경제적 측면에서 송나라의 잘 알려지지 않은 강점을 살펴볼 것이다. 줄곧 군사적 우세를 유지하던 요나라지만, 무역전쟁에서는 송나라를 이긴 적이 한 번도 없다. 게다가 송나라는 경제적 수단을 이용해 역사상 최초로 민족 간의 문제를 해결했다.

1004년 '전연지맹澶淵之盟(송나라와 요나라가 화의를 맺은 일)' 이후 송나라와 요나라는 형제의 관계가 되었다. 하지만 실제로는 여전히 적대적 긴장감이 흐르고 있었다. 이들은 무력 대신 무역을 사용해 싸웠다. 두 나라 모두 상대방의 경제를 약화하고, 재부를 자기 나라로 가져오려고 했다. 이렇게 격렬한 무역전쟁이 시작되었다.

먼저 전연지맹의 주요 내용을 살펴보자.

·송나라의 황제와 요나라의 황제는 형제관계를 맺는다.
·양국은 백구하白溝河를 경계로 군대를 철수하고, 포로와 월경자越境者를 송환한다.
·송나라는 세폐歲幣로 요나라에 매년 비단 20만 필, 은 10만 냥을 보낸다.
·쌍방 변경에 각장榷場˙을 설치해 호시무역을 연다.

이 중 가장 중요한 내용이 바로 호시무역의 개시다. 조약을 맺은 후 송나라와 요나라는 각자 관할하는 구역에 각장을 개설했다. 전쟁으로 중지되기 일쑤에다가 변경의 특성상 매우 위험한 변경무역을 공식화한 것이다. 두 나라는 각장에 관리기구를 두어 상인들의 거래수속을 처리하고 화물을 검사하며 관세를 징수하는 등 시장질서를 유지, 관리했다. 각장을 거쳐 송나라의 농산물, 수공업품, 외국산 향료 등이 요나라로, 요나라의 가축, 가죽제품, 약재, 소금 등이 송나라로 들어갔다. 특히 송나라는 차, 향약香藥, 무소뿔, 소목蘇木, 비단, 칠기, 자기, 쌀 등을, 요나라는 양, 말, 단철도鍛鐵刀, 보석 등을 많이 수출했다.

당연히 두 나라 모두 전략물자의 무역은 제한했다. 요나라의 전마戰馬나 송나라의 유황, 동철銅鐵, 화살 등은 각장에서 유통이 금지되었다. 특히 송나라는 《구경九經》이외의 서적이 요나라로 유통되는 일을 엄격히 금지해 '조정의 득실과 군국의 이해'를 알지 못하게 했다. 하지만 아무리 엄격한 절차와 규정도 절박한 필요 앞에 효과를 잃었다. 전마가 필요한 송나라는 상인들의 암거래를 지원했고, 상대인 요나라도 마찬가지였다. 송나라의 앞선 지식과 기술에 크게 의존

---

- 송나라, 요나라, 금나라, 원나라가 변경에 설치해 인접한 북방민족과 무역하던 시장을 말한다. 관영 안에서의 무역은 관리들이 주관했다. 상인들은 관영 밖에서 무역했는데, 세금과 소개비를 내고 증명서를 받아야만 했다. 각장은 엄격한 업무절차와 무역규정을 두었다. 관할권은 소재지의 감사(監司)와 주군장리(州軍長吏)에게 있었다. 별도로 전담관을 두어 화물을 조사하고 거래세를 징수했다. 쌍방이 부득불 직접 무역해야 할 때는 정부가 파견한 중개인(官牙人)이 상품의 등급을 평가하고 무역의 전 과정을 관리하며 일종의 소개비인 아세(牙稅)를 수취했다. 소상인은 열 명씩 결보(結保)하고, 화물의 절반만을 가지고 상대 각장에 가 무역할 수 있었다. 전략물자는 무역을 금지했다.

했던 요나라에서는 중원에서 가져온 서적이 불티나듯 팔렸는데, 사온 값의 열 배를 쥐야 했다. 이러니 암거래를 아무리 금지해도 사라지지 않았다. 당시 각장 밖의 암거래는 비정상적으로 활기찼다.

이와 관련된 재미있는 일화가 있다. 당송팔대가의 하나인 소철蘇轍이 외교사절로 요나라를 방문한 적이 있는데, 거기서 뜻밖에도 거란인이 판각한 그의 형 소식蘇軾의《미산집眉山集》을 보게 되었다. 당시 이 시집은 막 출간된 참이었다. 감개한 나머지 소철은 형을 놀리는 시 한 수를 지어 보냈다.

> 누가 가집歌集을 북방의 땅에 보냈는가.
> 만나는 사람마다 형이 누구인지 묻네.
> 문장으로 오랑캐를 감동하게 하지 마라.
> 강호에 누워 담소하는 것을 방해할까 봐 두렵네.
> 誰將家集過幽都
> 逢見胡人問大蘇
> 莫把文章動蠻貊
> 恐妨談笑臥江湖

이를 보면 당시 각장의 밀거래가 얼마나 신속하게 이루어졌는지를 알 수 있다.

각장은 겉으로 보면 두 나라 모두 필요한 것을 얻는 원윈win-win 전략이었다. 하지만 실제로는 송나라가 줄곧 우위를 차지했다. 이

**호시무역** 송나라 상인의 모습이다. 전연지맹을 계기로 송나라와 요나라는 호시무역을 시작한다. 겉으로 보면 두 나라 모두 이익인 듯하지만, 강력한 경제력과 수준 높은 문화로 송나라가 줄곧 우위를 차지했다.

유는 간단한데, 송나라는 강력한 경제력과 풍부한 물산物産을 바탕으로 요나라에 생필품을 대량으로 수출했다. 자연스레 시간이 지날수록 요나라는 송나라에 더욱더 의존하게 되었다. 이에 비해 요나라가 송나라에 수출한 상품은 주로 가축, 광물 등의 단순한 특산품이었다.

예를 들어 송나라가 요나라에 대량으로 수출한 상품 중 하나가 차였다. 당시 요나라 사람들은 하루라도 차를 마시지 않으면 병이 생긴다는 말이 돌 정도로 차를 좋아했다. 엄청난 차 소비량 때문에 요나라는 송나라에서 대량 생산된 차를 계속해서 수입했다. 이에 송나라는 차의 수출관세를 열 배 높였고, 이렇게 번 막대한 재화로 요나라의 진귀한 전략물자를 살 수 있었다. 당연히 송나라의 무역흑자는 갈수록 커졌다. 요나라는 매년 세폐로 막대한 재화를 송나라에서 받았지만, 커져만 가는 무역적자를 보충하기에는 턱없이 부족했다. 요나라의 부가 끊임없이 송나라로 흘러 들어간 것이다.

이는 요나라 화폐의 역내 유통량 감소로 이어져, 결국 요나라는 송나라 화폐체계에까지 의존하게 되었다. 훗날 요나라는 조폐권을 완전히 상실해 송나라에 경제의 생명줄을 완전히 내어주게 된다. 단적인 일화로 송나라 개혁을 시도한 왕안석王安石이 화폐의 유출을 허가하자, 요나라 경제가 일시적으로 활기를 띤 일이 있다. 하지만 왕안석이 실각한 후 다시 화폐의 유출이 금지되자 요나라 경제는 곧바로 큰 타격을 입는다.

송나라의 앞선 문화도 무역의 불균형을 초래했다. 송나라와 통상을 개시한 이래 요나라는 적극적으로 중원의 문화를 받아들여 한자와 한학을 배우고 인재들을 양성했다. 요나라의 일반 백성도 풍속을 바꾸고, 중원의 음식, 의복, 예악을 숭상하며, 더는 사냥과 유목의 삶을 좋아하지 않게 되었다. 이에 따라 요나라 문화의 근저가 흩어지고 사고방식과 의식형태가 점차 중원의 한족과 더 가까워지게 되었다.

1004년부터 요나라가 멸망하는 1125년까지 약 100여 년간 평화가 계속되었다. 누군가는 송나라와 요나라 모두 부패해 똑같이 망했다고 말할 것이다. 하지만 각장은 평화적 거래가 폭력적 강탈을 대체한 것으로, 인류 문명의 발전과 진보의 표지라 할 수 있다. 이 뿐 아니라 송나라는 무역으로 상대를 약화하는 데 성공하고 당시 세계에서 가장 풍요로운 제국이 되었다. 비록 요나라가 역사에서 자취를 감춘 이듬해 북송도 멸망해버렸지만, 남송은 이후 100여 년간 굳건히 명맥을 유지했고, 심지어 금나라의 화폐체계를 무력화하기까지 했다. 따라서 송나라는 수백 년간 계속된 무역전쟁에서 확실히 부끄러울 것 없는 승자라고 할 수 있다.

:

## 만리장성에 평화를 되찾아준 명나라의 쇠솥무역

중원을 차지하고 명나라를 새운 홍무제洪武帝는 북벌을 단행, 타타르족을 막북漠北의 몽골고원으로 쫓아냈다. 하지만 타타르족이 매년 만리장성 인근에서 소요를 일으키는 바람에 북방 변경에서는 전란이 끊이지 않았다. 전쟁에 염증을 느낀 백성은 변경의 봉쇄를 뚫고 몽골족과 은밀히 거래해 소란을 수습하고 경제적 곤란을 해결했다.

또 다른 몽골족인 오이라트의 군주 알탄 칸俺答汗은 1534년부터 명나라에 납공納貢의 의사를 표명하고 수차례 특사를 파견해 통상을 요구했으나 거절당했다. 자신의 요구가 받아들여지지 않자 알탄 칸은 1550년 직접 군대를 이끌고 만리장성을 넘어 남하해 명나라의 수도 북경을 포위했다. 이것이 바로 경술지변庚戌之變이다. 이에 놀란 가정제嘉靖帝는 다음 해 대동大同에 호시무역의 일종인 마시馬市무역을 개설하는 데 동의하고, 몽골족이 마필馬匹로 중원의 생필

**타타르족 무사** 타타르족은 유라시아 초원을 누비던 여러 유목민족을 아우른다. 일반적으로 돌궐어를 쓰는 백인종 타타르족과 몽골어와 퉁구스어를 쓰는 황인종 타타르족으로 나뉜다. 명나라 때는 몽골고원을 지배했다.

품을 교환할 수 있도록 했다. 하지만 오래지 않아 알탄 칸이 말 대신 소와 양으로 무역할 수 있게 해달라고 요구하자 명나라는 마시무역을 금하고, 이후 20여 년간 변경에서 전쟁이 계속되었다.

당시 명나라 정치를 책임지던 장거정은 대학사 고공高拱 등과 함께 한편으로는 군대를 정비해 전투에 내보내고, 다른 한편으로는 몽골족의 귀순을 유도해 알탄 칸을 명나라의 순의왕順義王으로 책봉했다. 그와 알탄 칸은 명나라와 몽골족이 대대로 우호관계를 유지하고 서로 침범하지 않는다는 내용이 담긴 열세 개 조항의 평화조약을 체결, 선포했다. 이로써 명나라와 몽골족은 다시 변경에서 호시무역을 개시했다. 동쪽의 선부宣府에서 서쪽의 감숙甘肅까지 모두 열한 개 지역에서 시작된 호시무역으로 200여 년간 전란이 끊이지 않았던 북방 변경에 마침내 평화의 서광이 비치게 되었다.

호시무역이 시작되자 변경의 경제도 활기를 띠기 시작했다. 타타르족은 말, 소, 양 등 가축과 모피를 명나라의 식량, 면포, 비단, 쇠솥 등 생필품과 교환함으로써 경제적 어려움에서 벗어날 수 있었다. 이에 감동한 고공은 이렇게 소감을 남겼다.

> "수개월 사이 변경 곳곳이 평온해졌다. 티끌만큼의 소란도 없던 옛날에 변경에서는 무기를 녹여 호미를 만들고, 봉화가 꺼져 편안히 잠들 수 있었는데, 바로 지금이 그렇다."

반면 날카로운 경제감각을 지닌 장거정은 지금이야말로 초원의 '오랑캐'를 제어할 때라고 여겼다. 그는 가장 먼저 쇠솥무역의 주도권을 장악하기 시작했다.

쇠솥은 만들기가 어려워 타타르족은 애초에 엄두도 내지 못했다. 마침 실크로드의 길목이 막혀 있을 때라 타타르족은 명나라에서 필요한 쇠솥을 살 수밖에 없었다.

명나라 사서史書에는 이런 내용의 묘사가 자주 나온다.

> "타타르족의 기병이 변경을 넘어와 약탈하는데, 가장 좋아한 보물은 쇠솥이다. 부뚜막에 있는 쇠솥까지 들고 갈 정도로 가는 곳마다 하나도 남기지 않고 싹 쓸어간다."

타타르족은 왜 이렇게 쇠솥을 중시했을까. 초원에서의 생활에 필요하기도 했지만, 무엇보다 그것을 녹여 병기를 만들었기 때문이다. 장거정은 이 점에 주목해 전체적인 판을 짰다. 그는 경제적 수단을 이용한 전략을 수립해 초원을 통제하는 데 성공했다.

장거정은 당시 호시무역을 관리하던 대신 왕숭고王崇古를 찾아가 평화 시에 전쟁에 대비해야 한다며 쇠솥의 매매를 엄격하게 통제해야 한다고 설명했다.

> "타타르족이 쇠솥을 팔라고 요구하는데, 쇠솥은 철로 주조된 것으로 훗날 무기로 바뀔 수 있으니 함부로 팔아서는 안 된다. 하지만 광과廣鍋(두께가 얇은 솥)는 다시 제련하기 어려워 병기로 만들 수 없으니 상관없다. 다만 파는 수량을 제한할 필요는 있다. 사려는 측이 부서진 솥을 가지고 왔을 때만 바꿔주어야 한다."

실제로 쇠솥의 매매는 아주 엄격하게 통제되었다.《대명회전大明會典》에는 "솥과 화약, 강철은 모두 (매매를) 엄금한다. 시장은 대동에서 매년 1회 열고, 이틀을 넘지 않는다"라는 규정이 기록되어 있다. 이는 호시무역이 열리는 모든 곳에서 쇠솥을 판 것이 아니라 매년 대동에서만, 그것도 단 이틀만 팔았고, 그때를 놓치면 다음 해를 기다려야 했음을 알려준다.

당시 명나라의 많은 사람은 장거정의 깊은 뜻을 이해하지 못했다. 기왕 호시무역이 개시되었는데, 하필 쇠솥만 거래를 제한하는 것은 그야말로 부질없는 일이라고 생각했다. 하지만 쇠솥의 판매를 제한함으로써 평화를 위협하는 요소를 하나씩 제거해나간다는 장거정의 의도는 제대로 효과를 거두었다. 늘 칼 부딪치는 소리로 요란하던 만리장성은 이후 거의 100여 년간 봉화가 피어오르지 않았고, 백성은 전쟁의 불안에서 벗어나 편안하게 생업에 종사할 수 있었다. 또 여러 유명한 상단과 무역로가 만들어졌고, 이는 명나라의 융만중흥을 이끄는 데 일조했다.

장거정의 꾀로 무기를 잃은 몽골족은 점차 쇠락하다가 결국 누르하치에게 멸망하고 말았다. 명나라도 인삼을 둘러싸고 벌어진 무역전쟁에서 누르하치에게 패해 멸망했다.

∶

## 청나라의 시조 누르하치의 비수 인삼

누르하치는 여진족을 통일하고 후금을 세운 뛰어난 군사전략가이자 정치가다. 그는 경제발전도 매우 중시했는데, 마시무역, 공시貢市무역 등 호시무역을 활용해 부를 축적하고 성장해 결국 명나라를 멸망의 길로 밀어 넣었다.

여진족은 한반도 북쪽, 오늘날 만주지역에 거주하던 민족으로 만주족의 전신이다. 여진족은 농경과 수렵을 병행했다. 인삼, 모피, 마필, 동주東珠, 송골매 등이 특산물이었고, 철기, 소, 면직물, 소금 등이 부족했다. 그래서 명나라와의 호시무역을 매우 중시했다.

명나라는 호시무역으로 여진족과의 관계를 단단히 다져 변경의 방어를 강화하고 자신들이 쓸 말을 구하고자 했다. 다시 말해 '싸우지 않고 용을 길들이기 위해' 호시무역을 개시한 것이다. 다음 기록이 명나라의 이러한 생각을 잘 보여준다.

> "(변경의 각 민족이) 입고 쓰는 물자를 모두 중원에 의존하고 있는데, 만약 이를 끊으면 그들은 반드시 원망하는 마음을 품을 것이다. 이에 황조皇祖께서 호시무역을 허락했는데, 이 또한 오랫동안 인仁을 마음속에 품고 있어서다."

이러한 생각은 원칙적으로는 좋았지만, 정작 실행한 후에는 따져볼 것이 많았다.

호시무역은 번창해 점차 대형 종합시장으로 발전, 상품의 종류가 계속 증가했다. 여진족은 밍크 모피, 인삼, 꿀, 목이버섯 등 수렵과 채집으로 얻은 자연물을, 한족은 포목, 비단, 도자기, 쌀, 소금, 쇠솥, 철제 농기구 등 농업과 일상생활의 필수품을 거래했다.

선진 농업기술과 농기구를 받아들인 여진족은 농사짓는 법을 알게 되어 더는 채집과 수렵을 생업으로 삼지 않았다. (반半)농경사회로 진입한 여진족은 식량을 수입하는 대신 수출하기 시작했다. 게다가 호시무역으로 구한 철기로 병기를 제작해 전투력을 크게 높였다. 더욱 중요한 것은 호시무역이 중원의 문화를 배우는 중요한 창구가 되었다는 점이다. 여진족은 중원의 서적을 읽음으로써 시야를 넓히고 사상을 발전시켜 획기적으로 발전했다.

**누르하치** 명나라와의 무역전쟁에서 승기를 잡은 누르하치는 후금을 세우고 사르후전투에서 명나라를 상대로 대승을 거둔다. 이후 영원성전투에서 부상을 입고 사망하나, 그의 여덟 번째 아들 홍타이지가 뒤를 이어 청나라를 세운다.

이와 반대로 명나라는 사치스러운 소비열풍에 빠져들었다. 호시무역으로 인삼, 모피 등 사치품을 대량으로 사 부유층의 소비욕망을 충족시키는 데 몰두한 것이다. 이는 결국 허영과 부패를 조장하고 국고와 가산의 유실을 초래했다. 무엇보다 이를 다시 채우는 건 일반 백성의 몫이 되어 통치위기를 더욱 가속화했다.

이 과정에서 가장 눈여겨볼 것이 바로 '인삼무역'이다. 인삼무역은 여진족 경제의 기둥이었다. 명나라는 일찍이 인삼무역을 이용해 여진족을 통제했다. 명나라가 인삼무역을 폐쇄하면 여진족의 인삼은 대량 적체되어 썩어버렸고, 이렇게 경제의 원천이 끊기면 결국 항복할 수밖에 없었다. 하지만 누르하치는 명나라의 수를 꿰뚫어

보고 인삼무역에서 완승했다. 무력을 쓰지 않고도 명나라를 패배시킨 것이다.

인삼은 한의약에서 최고의 약재로 알려져 왔다. 옛사람들은 인삼이 몸을 가볍게 하고 수명을 늘리는 효과가 있다고 믿었다. 그래서 아주 비쌌다. 민간에서 치료용으로 사용하는 인삼은 주로 동북지역의 야생 인삼으로 당시 요삼遼蔘으로 불렸다. 호시무역에서 인삼은 한족들에게 가장 인기 있는 상품이었고, 교역량과 교역액 또한 매우 컸다. 어느 정도였냐면, 당시 인삼가격이 한 근당 은자銀子 15냥에서 20냥이었는데, 매년 교역량은 수만 근, 교역액은 수십만 냥에 달했다. 이는 놀랄 만한 수치로, 당시 사람들이 누르하치를 "모피와 인삼의 이익에 정통하다"라고 평한 것은 당연한 일이었다.

거대한 무역흑자로 누르하치의 세가 점점 커지자 요동 지방관은 조정에 "누르하치가 날로 교만해지고 있다"라고 보고했다. 날로 강성해지는 누르하치를 억제하기 위해 명나라는 경제제재를 가하기로 하고, 인삼의 교역규모와 가격을 엄격히 통제했다.

처음에는 이 방법이 나름 효과를 거두었다. 당시 여진족은 인삼을 장기간 보관하는 방법을 알지 못했다. 물로 씻은 인삼은 쉽게 썩어버렸기에 제때 팔지 않으면 곰팡이가 피어 버릴 수밖에 없었다. 새로 캐낸 다량의 인삼을 판매할 수 없게 된 여진족은 1, 2년 사이에 10만 근 이상의 인삼이 썩어버려 커다란 경제적 손실을 보았다. 어쩔 수 없이 명나라 상인들에게 인삼 재고를 헐값에 처분하고 손을 뗐다.

그래도 누르하치는 굴복하지 않았다. 인삼무역으로 얻는 거액의 수입을 포기할 수 없었기 때문이다. 그는 인삼은 한족이 가장 좋아하는 진품이고 시장에서 인삼가격은 황금과 거의 맞먹는다는 점은 바뀌지 않지만, 인삼을 장기적으로 보존할 방법이 없어 허리를 굽혀야 한다는 점은 바꿀 수 있음을 분명하게 알고 있었다.

부단히 시험해보고 경험 많은 심마니들에게 배우며 누르하치는 마침내 인삼의 보존방법을 알아냈다. 인삼을 끓는 물에 집어넣었다가 다시 햇볕에 말리면 장기간 보관해도 썩지 않고 약효가 유지된다. 이로써 명나라의 경제적 압박은 자연스럽게 해소되었다. 이뿐 아니라 여진족 내에서 누르하치의 평가가 크게 높아져 자연스럽게 정치적 기반 또한 공고해졌다.

이렇게 누르하치는 무역전쟁에서 승리를 거두었지만, 판단력을 흩뜨리지 않았다. 한편으로는 계속 명나라에 공물을 보내 군신관계를 유지하고, 다른 한편으로는 실력을 쌓으며 때를 기다렸다. 가히 원대한 식견과 통찰을 갖추었다고 할 수 있다.

오늘날 군사적 충돌 대신 경제제재나 무역전쟁을 택하는 경우가 많은데, 인삼을 둘러싼 누르하치와 명나라의 무역전쟁은 거울로 삼아 참고할 만한 가르침을 건넨다.

# 3
# 동양과 서양을 이은
# 향료무역

—

향료무역은 무역의 역사에서 줄곧 중요한 지위를 차지했다. 특히 중세 유럽에서 향료는 황금에 버금가는 부의 원천이었고, 향료에 대한 갈망은 직접적으로 지리상의 발견을 이끌었다. 15세기 이전 지중해 향료무역을 장악한 베네치아는 이집트, 인도네시아, 중국, 스리랑카, 인도에서 온 향료를 산 다음 유럽 각지에 되팔아 거대한 부를 축적했다. 대항해시대 이후에는 포르투갈이, 17세기에는 네덜란드가 향료무역을 독점했다. 이런 패권교체의 배후에는 포르투갈, 스페인, 영국, 네덜란드 등 서구 제국들이 무역권과 식민지를 놓고 벌인 치열한 암투가 숨어 있다.

—

⋮

## 신실함으로도 꺾지 못한 향료의 유혹

향료의 영어 단어 'spice'는 비싸고 희귀한 물품을 나타내는 라틴어 'species'에서 유래했다. 중세 유럽에서 향료는 값비싼 사치품이었다. 당시 향료에는 생강과 고추 같은 조미료뿐 아니라 정향丁香, 계수桂樹, 후추, 회향茴香, 육두구肉荳蔲, 나드nard, 단향檀香, 용연향龍涎香, 장뇌長腦, 압생트absinthe, 쑥 등도 포함되었다.《구약성경》〈아가〉에는 솔로몬 왕이 아름다운 신부를 향료에 비유하며 칭송하는 대목이 나온다.

> "내 누이, 내 신부는 잠근 동산이요 덮은 우물이요 봉한 샘이로구나. 네게서 나는 것은 석류나무와 각종 아름다운 과수와 고벨화와 나도풀과 나도와 번홍화와 창포와 계수와 각종 유향목과 몰약과 침향과 모든 귀한 향품이요 너는 동산의 샘이요 생수의 우물이요 레바논에서부터 흐르는 시내로구나."

고대 유럽에서 향료는 매우 폭넓게 쓰였다. 음식을 저장하고 조미하는 것은 기본이고, 그 외에도 각종 의식, 주문, 정화, 방부, 화장, 향수, 치료에, 심지어 춘약春藥과 독약으로까지 사용되었다. 가장 사랑받은 육계肉桂는 신을 섬기고 제사를 지내는 의식에 사용된 동시에 사치품이기도 했다. 사람들은 심지어 향료가 현생과 내세 사이의, 천당과 속세 사이의 물건이라고 믿었다. 이런 믿음 때문에 향료는 필수적인 조미료일 뿐 아니라 권위와 영광의 상징이 되었다.

당시 향료가격은 입이 떡 벌어질 정도였다. 사프란saffraan 한 근은 말 한 필과, 생강 한 근은 양 한 마리와, 육두구 두 근은 소 한 마리

**향료무역**　아랍 상인이 처음 소개한 10세기부터 유럽은 동방의 향료에 열광했다. 후추는 심지어 화폐처럼 세금을 내는 데 사용될 정도였다. 17세기 동방에서 향료를 3,000파운드에 사면 영국에서 3만 6,000파운드에 팔 수 있었다.

와 바꿀 수 있었다. 당시 사람들은 보잘것없는 비천한 사람을 "후추도 없는 사람"이라고 부르며 모멸했다. 향료의 희소성과 거대한 수익성 때문에 스페인, 포르투갈, 영국, 이탈리아 등 유럽 각국은 분분히 향료무역의 소용돌이로 뛰어들었다.

향료의 가치는 아랍 상인들이 가장 먼저 발견했다. 그들은 향료가 장거리 운송에 적합하고, 동방의 호화로운 문명을 상징해 비싸게 팔 수 있음을 깨달았다. 12세기경 아랍 상인들은 유럽으로 향료를 가져가 비싸게 팔았다. 그들은 당시 향료를 운송하는 육로와 해로를 모두 통제했고, 그런 이유로 가격의 35퍼센트나 되는 높은 수출관세를 매겼다. 향료무역을 계속 독점하기 위해 심지어 이야기를 꾸며내어 진짜 원산지를 감추기까지 했다. 예를 들어 "육계는 맹금의 둥지에서 자라 발견하기 어렵고, 둥지가 떨어져야만 채집할 수 있다"같은 이야기였다.

향료에서 이익을 얻은 이들이 또 있다. 베네치아 상인들도 아드리아해의 지리적 이점에 기대 경쟁도시인 제노바를 제압하고, 콘스탄티노플이 함락되기 전 이집트의 통치자를 매수해 지중해 향료무역을 장악했다. 그들은 아랍 상인들과 무역협정을 맺어 향료의 가격을 더 올렸다. 자료에 따르면 당시 원산지인 남아시아와 유럽의 향료가격은 20배가 넘게 차이 났다.

아랍 상인들은 육로인 실크로드를 걷거나, 해로인 인도양과 홍해를 항해해 카이로와 콘스탄티노플로 향료를 운반했다. 이렇게 모인 향료를 유럽으로 가져가는 건 베네치아 상인들의 몫이었다. 알렉산드리아까지의 지중해 무역로를 장악한 이들은 유럽의 향료무역을 300년간 독점하는 데 성공했다. 그동안 유럽에서 향료에 대한 수요는 갈수록 커졌고, 가격도 덩달아 올라 베네치아 상인들은 큰돈을 벌어들일 수 있었다.

그 누구라도 이러한 거부巨富를 외면하기는 어려웠다. 이는 신실한 유럽인들을 세속적이고 타산적으로 변하게 했다. 향료무역을 둘러싼 암투와 피 흘리는 희생의 막이 오른 것이다.

∶

## 십자군을 조종한 베네치아

역사 교과서를 보면 십자군전쟁은 유럽의 봉건영주와 기사단이 아랍인에게 점령당한 지역을 수복한다는 명분으로 지중해 동쪽 국가들을 침공해 벌인 전쟁이라고 쓰여 있다. 1096년부터 1270년까지 거의 두 세기에 걸쳐 계속된 십자군의 동정東征은 정말 종교적 열정만으로 추동된 것일까. 적어도 무역도시였던 베네치아는 단순히 신앙심만으로 십자군에 참여하지 않았다. 베네치아가 음모와 계략으로 동방교회의 중심지이자 부의 도시였던 콘스탄티노플을 함락시킨 것이 이를 증명한다.

제4차 십자군전쟁에서 십자군은 기독교의 중심지 중 하나였던 비잔틴제국의 수도 콘스탄티노플을 함락했다. 그들은 콘스탄티노플을 약탈하고 그곳에 라틴제국을 세웠다. 비록 1261년 비잔틴제국이 다시 콘스탄티노플을 탈환하지만, 이전의 찬란했던 영화를 회복하지는 못하고, 이후 1453년 오스만제국에 멸망하고 말았다. 십자군은 도대체 왜 원래의 목적지인 예루살렘이 아니라 자신들과 같은 기독교도들의 도시 콘스탄티노플에 칼을 들이댔을까.

이야기를 베네치아에서 시작해보자. 베네치아는 일찍이 비잔틴제국에 속했으나, 점차 통제를 벗어나 상업활동을 둘러싸고 충돌하고 있었다. 무역의 요지로서 콘스탄티노플의 지위는 견고했다. 특히 향료무역에서 그랬다. 베네치아는 절박하게 콘스탄티노플의 억압에서 벗어나 자신의 이익을 확대하고자 했다.

제3차 십자군전쟁이 끝나고 얼마 지나지 않아 교황은 제4차 십자군전쟁에 참여할 원정대를 꾸리고자 했다. 그렇게 모인 십자군이 3만 명에 달해, 이들을 중동으로 보낼 선박과 각종 보급품 마련이

**함락되는 콘스탄티노플** 1204년 4월 12일 콘스탄티노플을 함락한 십자군은 이후 사흘간 전대미문의 학살과 약탈을 저질렀다. 성소피아성당이 약탈당하고 황실도서관이 불탔다. 도시의 6분의 1이 파괴당했다.


시급해졌다. 당시 베네치아만이 이를 해결할 수 있었다. 베네치아의 도제Doge di Venezia(베네치아의 최고 지도자) 엔리코 단돌로Enrico Dandolo는 거대한 이익을 챙길 기회임을 깨달았다. 그는 도시의 모든 역량을 동원해 십자군을 지원했다.

십자군을 운송하는 데 드는 비용으로 베네치아는 8만 5,000은 마르크를 제시했는데, 이는 은 23톤을 살 수 있는 금액이었다. 이런 천문학적인 비용에도 십자군은 베네치아의 요구에 동의하고 '베네치아조약'에 서명했다. 베네치아가 교활하게도 이 조약에 십자군의 목적지를 써놓지 않았음을 당시에는 아무도 눈치채지 못했다.

1202년 십자군 일부가 베네치아에 도착했으나 비용을 마련하지

**교황 우르바노 2세**  1042년 태어나 1088년부터 사망한 해인 1099년까지 교황으로 재위했다. 정치적 감각이 예리한 것으로 유명한데, 십자군전쟁을 일으킨 것도 신성로마제국 황제의 압력에 저항해 교황의 권위를 높이기 위해서였다.

못한 채였다. 베네치아는 자신들을 대신해 싸우는 방식으로 부족한 비용을 충당해도 된다는 뜻을 내비쳤다. 십자군이 베네치아의 요구에 따라 최초로 싸운 전장은 달마티아Dalmatia의 자라Zara였다. 당시 헝가리가 차지하고 있던 자라가 베네치아의 향료무역에 위협이 되었기 때문이다. 이는 순전히 베네치아의 경제적 이익을 위함이고, 게다가 자라는 기독교도들의 도시이므로, 십자군전쟁의 명분에 어긋나는 일이 분명했다. 하지만 십자군은 그들을 중동으로 실어 날라줄 베네치아의 요구를 거절할 수 없었고, 결국 도시를 정복하고 약탈했다.

 이렇게 베네치아는 힘들이지 않고 남의 손을 빌려 경쟁상대를 해

치웠다. 하지만 이는 시작에 불과했다. 베네치아는 곧바로 진정 바라는 것을 제시했다. 콘스탄티노플을 쓸어버리고 이 기회에 지중해와 흑해의 해상무역을 장악하고자 한 것이다.

콘스탄티노플은 유럽에서 가장 부유한 도시이자, 흑해와 지중해 사이의 좁은 뱃길을 지키는 요충지였다. 이 도시만 장악하면 두 바다를 모두 차지하는 셈이었다. 콘스탄티노플은 건설된 이래로 불가리아, 바랑기아, 아랍, 돌궐, 베네치아의 침공을 줄곧 막아내고, 단한 번도 함락된 적 없는 난공불락의 도시였다.

그런 콘스탄티노플도 노도처럼 밀려드는 십자군 앞에서는 속수무책이었다. 두 번이나 함락당한 도시는 마구잡이로 약탈하는 십자군으로 들끓었다. 그들은 베네치아에 진 빚을 갚고도 크게 한몫 챙겼다. 베네치아 또한 해상무역을 장악하려는 목적을 달성했다.

당시 교황의 태도는 이중적이었다. 처음 자라가 약탈당하자 분노하며 십자군 전체를 파문했다. 그런데 콘스탄티노플이 점령당했을때는 환영하며 서신을 보내 파견한 사람이 도착해 승리의 열매를 챙길 때까지 주둔할 것을 요구했다. 이때 콘스탄티노플이 기독교세계의 중요 일원이라는 점은 조금도 고려되지 않았다.

이제 다시 처음 제기한 문제로 돌아가 보자. 십자군전쟁은 정말 종교적 열정으로 추동된 것인가. 답은 제1차 십자군전쟁을 앞둔 1095년 11월 교황 우르바노 2세가 한 유명한 연설 〈아버지의 이름으로〉에 이미 담겨 있다.

"부유한 동방에서는 금, 향료, 후추를 몸만 굽히면 주울 수 있는 데, 우리가 왜 여기 앉아서 죽기만을 기다려야 하는가."

:

## 향료무역의 판도를 뒤바꾼 대항해시대

이처럼 베네치아는 십자군의 도움으로 흑해와 지중해의 해상무역을 순식간에 독점했다. 하지만 좋은 시절은 오래 가지 못하는 법으로 베네치아는 커다란 대가를 치러야 했다. 이후 제노바와 100년간 전쟁을 치르느라 결국 쇠락하고 만 것이다.

베네치아는 중요한 항구들을 차지하며 꾸준히 세력을 확장했고, 그 후 반세기 동안 지중해 동부를 지나는 거의 모든 무역로를 차지했다. 겉으로 보면 제노바와 피사는 경쟁에서 밀린 것처럼 보였지만, 이는 착각이었다.

1250년 항구도시 아크레Acre에서 베네치아와 제노바가 충돌했다. 이 충돌은 결국 전쟁으로 번졌는데, 무려 100년간 계속되었다. 지지부진한 전쟁으로 국력을 소모한 베네치아는 콘스탄티노플뿐 아니라 흑해와 지중해의 해상무역까지 더는 통제하지 못하게 되었다. 결국 베네치아의 모든 무역이 거의 중지되기에 이르렀다. 대규모 함대는 전쟁으로 모두 상실하고, 그간 쌓은 거대한 부도 연기처럼 흩어져버렸다.

물론 전쟁이 베네치아 쇠퇴의 유일한 이유는 아니다. 신항로의 개척도 큰 영향을 미쳤다. 베네치아가 조금씩 쇠락해갈 무렵 포르

**콜럼버스** 지구가 둥글다고 믿은 콜럼버스는 인도와 중국으로 가기 위해 네 번이나 대서양을 건넜다. 결국 그가 발견한 것은 아메리카대륙이었지만 말이다.

투갈, 스페인 같은 신흥 상업제국들이 동방으로 통하는 새로운 항로를 찾기 위해 대탐험을 시작했다. 이들이 베네치아의 향료무역 독점을 타파하기 위해 새로운 항로를 찾는 데 주력하면서 대항해시대의 서막이 올랐다. 평온한 듯 보였던 구세계의 질서는 이로써 완전히 무너졌고, 세계는 천지개벽할 변화를 맞는다.

가장 먼저 움직인 나라는 스페인이었다. 1492년부터 1502년까지 콜럼버스는 스페인 왕의 지원을 받아 네 차례에 걸쳐 대서양을 항해했지만, 결국 향료를 찾지 못했다. 당시 콜럼버스가 발견한 곳은 인도가 아니라 아메리카대륙이었다.

포르투갈도 곧바로 대탐험에 뛰어들었다. 그들은 스페인보다 운이 좋았다. 1488년 아프리카 최남단인 희망봉을 발견했고, 1498년

5월 바스코 다가마Vasco da Gama의 함대가 2만여 해리를 항해해 희망봉을 돌아 마침내 인도 캘커타(오늘날의 콜카타)에 도착했다. 다가마는 1,700톤의 후추, 400톤의 계피와 말린 정향, 육두구를 가지고 돌아왔는데, 이것들의 값어치는 원정에 들인 전체 비용의 60배에 달했다. 이렇게 신항로가 개척되었다. 동방의 상품이 이전처럼 서아시아, 북아프리카, 지중해, 오스만제국, 베네치아가 관할한 도시국가들을 거치지 않고도 유럽에 도달할 수 있게 되었다.

포르투갈은 인도에 만족하지 않았다. 그들은 아주 비싼 향료인 정향과 육두구를 계속해서 찾아 나섰고, 중요한 무역로가 지나는 믈라카제도를 장악하고자 했다. 당시 포르투갈에서는 "믈라카제도를 장악하면 베네치아의 목구멍을 틀어쥐는 것이다"라는 말이 유행했을 정도였다. 1511년 포르투갈은 믈라카제도를 점령, 향료의 운송을 완전히 장악하게 되었다. 1498년 포르투갈이 신항로를 발견한 이후 베네치아의 향료무역은 급격히 쇠락했다. 유럽의 후추 소비량이 세 배 넘게 폭증했는데도, 베네치아의 무역량은 13년 사이에 오히려 75퍼센트나 줄어들었다.

독점으로 폭리를 취할 수 없게 되자 베네치아는 더없는 공포와 초조함을 느꼈다. 상업에 수완이 뛰어났던 베네치아는 뛰어난 장사꾼의 지혜를 발휘해 냉정하게 대응했다. 한편으로는 남은 무역로를 유지하는 데 진력하고, 다른 한편으로는 포르투갈이 실수하기를 진득하게 기다렸다. 득의양양한 포르투갈이 가격과 이익 등을 놓고 갈팡질팡하자, 이 기회를 놓치지 않고 베네치아가 일부 무역로를 회복했다. 하지만 이런 소소한 '부활'도 역사의 큰 물결을 거스르지는 못했다.

대항해시대가 시작됨에 따라 강력한 실력자들이 하나둘 분분히 향료무역에 참여했다. 16세기에는 포르투갈이, 17세기에는 네덜란드가, 18세기에는 영국이 향로무역을 장악했다.

이와 동시에 향료무역이 쇠락의 길로 접어들었다는 점은 주목할 만하다. 물자는 희소할수록 귀해진다. 같은 상품이라도 희소하고 원가가 높으면 고가로 판매할 수 있고 또 수요도 커진다. 그런데 희소성이 사라지고 원가가 낮아지면 평범한 상품이 된다. 일찍이 황금보다 더 비쌌던 향료도 이런 법칙에서 벗어나지 못했다. 신항로가 개척된 후 향료의 희소성이 점차 사라지고, 대신 고추, 커피, 차가 그 자리를 대체하기 시작했다. 향료에 대한 사람들의 탐닉도 점차 시들시들해지고 말았다.

# 4
# '바다의 마부' 네덜란드의
# 흥망성쇠

—

지중해가 세계 경제의 중심이 될 수 있었던 중요한 요인 중 하나는 연안국들이 해상무역으로 경제를 발전시켜 세계의 다른 지역들보다 앞서 나갔기 때문이다. 해상무역은 시작부터 이익을 둘러싼 다툼을 동반했다. 총칼을 든 전쟁 외에도 관세, 보조금, 시장경쟁 등 다양한 수단을 동원한 무역전쟁이 계속되었다. 포르투갈과 스페인은 해상무역으로 가장 먼저 거대한 부를 축적했고, 이후 쇠락했다. 이어 네덜란드가 한 세기가량의 '황금시대'를 누린 다음 영국에 자리를 넘겨주었다.

—

:

## 유럽의 바닷길을 장악하다

국제무역이라 부를 만한 건 고대 그리스·로마시대부터 있었다. 이후에는 중앙아시아가 장기간 국제무역의 중심지로 존재했다. 하지만 국제무역의 진정한 중요성과 의미는 대항해시대에 이르러서야 꽃피웠다.

국제무역을 이야기할 때 네덜란드를 피해 갈 수 없다. 17세기는 네덜란드의 세기였다. 당시 네덜란드는 세계에서 가장 강력한 패권 국으로 전 세계 해상무역의 대부분을 독점해 '바다의 마부'라고 불릴 정도였다. 네덜란드가 만든 현대적인 금융·체계와 경제제도는 세계적인 차원에서 경제가 한 단계 진보하는 데 지대한 영향을 미쳤다. 조선업도 영국을 포함한 유럽의 다른 국가들보다 훨씬 앞섰다. 이러한 네덜란드의 굴기는 사실 천시天時와 지리 그리고 인화人和를 다 차지한 후 이들 요소를 종합한 결과다.

17세기 이전 네덜란드는 스페인 국왕의 속지인 '네덜란드'•의 일부였는데, 이 풍요롭고 비옥한 토지는 당시 스페인의 세수 절반을 책임져 '왕관 위의 진주'라고 불렸다. 16세기 칼뱅주의를 내건 종교개혁운동이 네덜란드를 휩쓸고, 이후 장장 80년간 독립전쟁을 치른 끝에 네덜란드 북쪽 일곱 개 주가 연합해 지금의 네덜란드를 세웠다.

만약 네덜란드가 지리적 요지에 있지 않았다면 거대한 규모의 국제무역을 독차지하기 어려웠을 것이고, 부를 추구하는 상업문화와

---

• 옛날에는 라인강이 바다로 흘러 들어가는 낮은 땅을 모두 네덜란드라 불렀다. 네덜란드라는 이름 자체가 낮은(neder) 땅(land)이라는 뜻이다. 이 지역은 물산이 풍부하고, 지리적으로 북해와 발트해, 지중해를 모두 아우를 수 있어 상업의 요지로 발전했다.

목숨을 건 대담한 모험가정신이 없었다면 무역 중에서도 원양무역을 선도하기 어려웠을 것이다. 물론 운도 따랐다. 때마침 스페인과 영국이 맞붙지 않았더라면 네덜란드가 어부지리를 얻기는 어려웠을 것이다.

17세기는 강자가 모든 것을 차지하는 시대였다. 국제무역이 형성되던 시기로 해상무역을 장악하는 나라가 국제무역을 독점했는데, 이 역사적 기회가 네덜란드에 주어졌다.

네덜란드는 비록 신흥 상업국이었지만, 조선기술이 발달해 다양한 종류의 선박을 제조할 수 있었다. 동시에 상당한 양의 귀금속을 가지고 있었는데, 이는 무역하는 데 유리한 조건이 되었다. 게다가 원양을 누빈 전통은 다른 유리한 조건과 맞물려 무역대국을 출현케 했다. 당시 수많은 네덜란드 상선이 세계의 바다를 누비며 여러 지역에서 중개무역을 했다. 이렇게 네덜란드는 해상무역의 패권을 장악했다.

당시 유럽 남부와 북부 사이의 무역, 유럽과 아시아 사이의 무역은 거의 전부 네덜란드가 장악했다. 네덜란드 상선은 스웨덴의 철, 발트해 연안국의 식량과 황마를 프랑스와 이탈리아의 항구로 운송하고, 아시아의 술과 향료를 유럽으로 가져왔다. 당시 유럽은 똑같은 상품이라도 국가마다 가격 차이가 컸기에 네덜란드는 중개무역으로 막대한 이윤을 남길 수 있었다. 자연스럽게 네덜란드의 수도 암스테르담은 상업과 금융, 무역의 세계적인 중심지가 되었다. 이 무역제국의 영향력은 어디까지 미쳤을까. 당시 사람들의 이야기를

**암스테르담**  17세기 암스테르담의 풍경이다. 네덜란드는 해상무역으로 거대한 부를 쌓았다. 수도 암스테르담은 자유로운 무역과 종교적 관용을 보장하는 정책을 시행했다. 복지와 공공 질서의 수준도 유럽에서 가장 앞서 있었다.

들어보자.

> "네덜란드는 각국에서 꿀을 모으고 있다. 노르웨이는 그들의 숲
> 이고, 라인강 양안은 그들의 포도밭이며, 아일랜드는 그들의 목
> 장이고, 프로이센과 폴란드는 그들의 곡창이며, 인도와 아랍은
> 그들의 과수원이다."

네덜란드는 지리적으로 가까운 발트해부터 장악했다. 유럽 각국
의 식민지에서 소금과 포도주, 기타 상품을 가득 실은 네덜란드 상
선이 유유히 발트해를 지났다. 그들은 북해에서 덴마크 최북단을

**바다의 마부** 17세기 네덜란드가 보유한 모든 상선의 톤수는 영국의 세 배고, 그 수는 근해를 다니는 작은 배를 제외하고도 6,000척에 달했다. 이는 다른 모든 유럽 국가의 상선들을 합친 것과 비등한 수준이었다.

돌아 발트해로 들어가는 항로를 개척했다. 한자Hansa동맹(독일 북부와 발트해 연안의 여러 도시가 맺은 동맹)을 몰아내고 그 자리를 차지하는 데 성공한 것이다. 네덜란드는 청어무역과 소금무역을 쥐락펴락하며 이를 기반으로 발트해 해상무역 전체를 주물렀다. 폴란드의 곡물, 핀란드의 목재, 스웨덴의 금속은 모두 네덜란드의 주요한 무역품이었는데, 그중 곡물이 가장 중요했다. 네덜란드의 유동자금 60퍼센트가 곡물무역에 집중되었고, 매년 800척이 넘는 상선이 곡물을 나르는 데 동원되었다. 일약 유럽 최대의 밀 집산지가 된 암스테르담은 '유럽의 식량창고'라고 불렸다. 1618년 1년간 네덜란드가 발트해에서 운송한 곡물은 20여만 톤에 달했다.

17세기 중반부터는 아시아를 오가는 향료무역에서도 두각을 나타냈다. 이에 따라 발트해에서 운송하는 식민지 상품이 여덟 배나 늘었는데, 100년 전과 비교하면 90배에 달했다. 식민지 상품의 대부분은 아시아에서 가져온 후추와 향료였다.

이 시기 발트해와 북해의 해상무역은 전부 네덜란드가 독점했다. 러시아의 농산물, 모피, 소금, 캐비어, 발트해 연안국들의 철, 조선용 목재, 밀랍이 네덜란드에 모였다가 프랑스, 이탈리아의 리보르노Livorno와 베네치아 그리고 더 멀리 떨어진 기타 소비지로 운송되었다. 네덜란드는 발트해의 무역을 통제하며 역청, 타르, 직조용 대마, 돛 제조용 아마 등의 상품을 풍부하게 확보했고, 이로써 유럽 해군의 가장 주요한 거래처가 되었다. 이렇게 프랑스와 독일의 무역 대부분, 유럽 남부와 북부 사이의 무역 전부를 네덜란드가 장악했다.

같은 시기 지중해 해상무역도 네덜란드의 손바닥 안에 있었다. 네덜란드 전체 수출품의 25퍼센트가 지중해 국가들로 흘러 들어갔다. 이들 수출품 중 네덜란드 본국에서 생산된 모직물 등 소수의 상품을 제외한 대부분은 다른 유럽 국가나 식민지에서 만들어진 것이었다. 네덜란드 동인도회사가 동아시아에서 암스테르담으로 후추를 운송하면, 거의 그대로 이탈리아와 프랑스로 수출하는 식이었다. 반대로 지중해 연안국의 소금, 포도주, 면화 등은 네덜란드나 발트해 연안국으로 운송되었다. 이러한 중개무역은 네덜란드의 수입을 크게 늘렸다.

앞에서 이야기한 향료무역도 17세기가 되면 네덜란드가 독점한다. 네덜란드 동인도회사는 무력과 외교를 동시에 사용해 가장 가치 있는 향료의 원산지를 통제함으로써 실질적으로 향료무역을 독점했다. 17세기 유럽은 연간 약 450톤의 향료를 소비했는데, '향료 군도'를 독점한 네덜란드 동인도회사의 17세기 초 무역량은 510톤에 달했다. 향료의 공급이 수요를 초과하자 17세기 중반에는 가격을 유지하기 위해 향료를 일부러 폐기했다. 이러한 방법으로 네덜란드 동인도회사는 향료무역에서 절대적 우위를 유지했다. 시장의 전체 판도를 조정하는 진정한 패주였던 것이다.

네덜란드가 아시아에서 무역망을 개척하는 과정은 피비린내 나는 사건의 연속이었다. 1641년 네덜란드 동인도회사는 플라카제도를 점령했다. 플라카제도는 아시아 해상무역의 중추로, 인도네시아를 여러 항로와 체계적으로 연결했다. 당시의 기록을 살펴보자.

"서로는 인도, 페르시아, 아랍, 시리아, 아프리카대륙의 동부, 지중해와 통하고, 북으로는 시암 Siam(오늘날의 태국), 바고 Bago(오늘날의 미얀마)와 통하고, 동으로는 중국, 일본과 통하는 가장 큰 무역망이다."

플라카제도를 거점으로 네덜란드 동인도회사는 아시아의 향료무역을 독점했고, 향료 외의 각종 상품도 암스테르담으로 운송해 유럽 시장과 아시아 시장을 연결함으로써 이익을 키웠다.

네덜란드 동인도회사는 아시아에서 경쟁우위를 획득하기 위해 한편으로는 다른 나라의 동인도회사나 상인을 적으로 여겨 배제하고, 다른 한편으로는 식민지를 압박하거나 속여 무역에 관한 각종 불평등조약을 맺었다. 포르투갈, 영국 등 다른 세력을 잔인하게 쫓아내기도 했다. 1623년에는 암보이나학살Amboyna Massacre[**]을 일으켜 영국인 열한 명, 일본인 열 명, 포르투갈인 한 명을 살해했다. 또한 현지 상인의 활동을 금지하거나 제한했는데, 예를 들어 인도네시아 상인이 네덜란드 외의 국가와 무역할 시 모조리 밀수로 간주해 엄격하게 단속했다. 이렇게 아시아는 네덜란드의 '화물창고'가 되어갔다.

네덜란드 동인도회사는 식민지 상품을 유럽 외에 아메리카대륙과 아프리카대륙으로도 운송했다. 1670년을 전후로 네덜란드는 아시아에서 거친 무명천을 싸게 산 다음 서인도제도와 남아프리카의 대농장에 '노예가 입는 옷'으로 팔았다. 심지어 아메리카대륙의 각종 상품을 아프리카대륙의 '살아 있는 상품'인 노예와 바꾸기도 했다.

이렇게 네덜란드 동인도회사가 개척하고 주재한 향료무역은 네덜란드와 세계 각 부분의 상업활동을 유기적으로 연결했다. 식민지 상품은 국제무역에서 네덜란드의 경쟁력을 보완해주었다. 즉 취급

---

[**] 네덜란드인들이 믈라카제도 암본섬의 영국 길드사무소를 습격해 직원들을 모두 살해한 사건이다. 이 사건으로 영국의 향료무역은 좌절되고, 17세기 후반까지 두 나라의 긴장관계가 계속되었다.

하는 상품의 종류와 수 등에서 절대적 우위를 형성하도록 도움으로써, 네덜란드가 국제무역의 패권을 장악하는 데 직접적인 원동력이 된 것이다.

네덜란드 동인도회사는 직간접적인 경로와 수단을 활용해 향료무역의 맹주가 되었다. 이에 힘입어 네덜란드는 17세기 중반까지 발트해, 지중해, 아시아의 주요 무역거점을 장악, 세계 제일의 무역 대국이 되었다.

⠇

## 포르투갈의 침몰

네덜란드가 해상무역을 제패하는 과정에서 전통의 강자 포르투갈과의 충돌은 불가피했다. 하지만 강대한 조선업, 우수한 경제제도, 강력한 금융산업 덕분에 네덜란드는 포르트갈을 제치고 최후의 승자가 되었다.

당시 향료무역은 막대한 이익을 가져다주었다. 이에 네덜란드는 포르투갈의 손이 안 닿는 빈틈을 찾아 이익을 얻고자 했다. 그래서 믈라카제도를 차지한 이후 눈을 인도로 돌렸다. 인도는 향료무역의 중심축이었다. 통상 인도산 포목을 믈라카제도에서 향료와 교환했다. 일이 순조롭게 진행되어 네덜란드는 먼저 인도양 연안에 창고를 건설하고, 이후 벵골까지 진출하는 데 성공했다. 1661년 계피를 생산하는 실론Ceylon(오늘날의 스리랑카)이, 1665년 코친Cochin이 네덜란드의 수중에 떨어졌다.

16세기 포르투갈은 인도양 연안을 점령하고 향료무역을 독점해 거액의 부를 축적했다. 하지만 동시에 부활한 베네치아와 경쟁해야 했고, 유럽으로 운송된 향료는 품질 면에서 비난받고 있었다. 이때 네덜란드의 사업적 감각이 발휘되었다. 그들은 유럽 시장이 변화하고 있음을 알아채고 팔각八角, 회향, 계피, 육두구 같은 가늘고 고운 값비싼 향료를 독점했다.

이를 위해 생산지를 구역별로 나눠 각각 한 종류의 향료만 생산하도록 했다. 암본섬에서는 팔각과 회향만, 반다섬에서는 육두구만, 실론에서는 계피만 생산하도록 했다. 특히 계피는 실론에서도 비교적 작은 농장에서만 재배하도록 해 생산량을 제한했다. 플라카제도에서는 정향의 생산량을 통제하기 위해 어느 한 섬을 제외한 나머지 섬의 정향나무를 모두 베어버리고, 대신 토착민에게 배상금을 지급하기도 했다. 향료의 생산마저 통제할 수 있는 네덜란드의 힘은 폭력에서 나왔다. 이 과정을 참관했던 한 프랑스인은 이런 기록을 남겼다.

"남자라면 남이 자기 부인에게 손대는 행위를 경계한다지만, 네덜란드가 향료무역에서 남이 손대는 것을 방비하는 정도에는 미치지 못한다."

이때 포르투갈의 상황은 엉망이었다. 포르투갈은 아랍의 무역망을 성공적으로 해체하고 통제해 향료무역을 독점했다. 하지만 그들은 아시아에서 향료를 살 때 대개 현금을 냈다. 때때로 현물과 교환하기도 했는데, 유럽산 상품을 아시아로 가져와서 향료와 교환하는 식이었다. 당시 구리, 아연, 수은, 은, 면포 등이 향료와 교환되었는데, 유감스럽게도 포르투갈은 이런 상품을 생산하지 못했고, 그럴 의지도 없었다. 그저 외국에서 구매하려고만 했다. 당시 아시아로 향한 포르투갈 상선의 운송장을 보면 제노바의 무명벨벳, 피렌체의 모직물, 런던의 면직물, 네덜란드의 아마포가 적재되었음을 알 수 있다.

향료무역의 종점도 포르투갈의 수도 리스본이 아니라 벨기에의 안트베르펜Antwerpen(앤트워프)이었다. 북유럽 국가들과 무역하기 위해 포르투갈은 이곳에 상사商社를 세웠다. 이 상사는 아시아에서 향료와 교환할 유럽산 상품을 외상으로 내주고, 이후 향료를 가지고 오면 값을 받았다. 외상의 이자는 연리 25퍼센트에 달할 정도로 매우 높았는데, 무역로가 너무 길어 단기간 내에 상환할 수조차 없었다. 결국 이자가 눈덩이처럼 불어나 1524년이 되면 포르투갈은 금화 300만 크루자다Cruzada가 넘는 빚을 진다.

향료무역의 비용도 점차 증가했다. 포르투갈은 전쟁에 쓸 돈이 필요했고, 현지 부락과 연맹을 위해서도 돈이 필요했다. 더 중요한 것은 인도까지 항행하는 일이 여전히 위험했다는 것이다. 많은 사람이 바다에서 목숨을 잃었다. 몇몇은 인도의 기후에 적응하지 못해 병으로 사망했고, 또 몇몇은 인도에 자리 잡고 유럽으로 돌아오지 않았다.

향료무역의 이윤도 점차 줄어들었다. 매년 부활절이 되면 포르투갈 상선대商船隊는 리스본을 떠나 인도에 도착한 후 유럽산 상품을 내리고, 미리 구매해둔 향료를 실었다. 당시 장부를 보면, 배에 실을 때 후추 51킬로그램의 가격은 금화 세 닢인데, 여기에 보관비용, 운송비용, 손실비용을 더하면 리스본 도착 시 열일곱 닢이 된다. 무역회사의 이윤까지 더한 최종 도매가는 서른세 닢이다. 그런데 포르투갈이 수입한 향료는 매년 2,000톤에 달했다. 이렇게 엄청난 양이 풀리자 가격이 하락하고 향료무역의 이윤 또한 감소했다.

홍해와 아랍을 잇는 오래된 무역로 덕분에 향료무역에 종사하던 이탈리아 도시들이 침체에서 벗어난 것도 포르투갈을 위협했다. 그들은 포르투갈이 파는 향료는 길고 긴 해로를 따라 운송되는 과정에서 대부분이 이미 상했다고 떠들어댔다.

향료무역에서 유럽에 또 다른 선택지가 있다는 것은 포르투갈에 좋지 않은 소식이었다. 오래지 않아 향료무역의 수입이 지출을 벌충할 수 없을 정도가 되었다. 포르투갈은 부득불 국채를 발행해야 했다. 1528년 포르투갈은 이율 6.25퍼센트의 국채로 이율 25퍼센트의 외채를 갚았는데, 16세기 중엽이 되면 국채가 외채의 네 배를 넘어선다. 이렇게 포르투갈 국내의 모든 저축이 외국으로 빠져나갔다. 포르투갈의 향료무역은 갈수록 나라를 가난하게 했다.

네덜란드의 도전은 포르투갈의 몰락을 더욱 가속화했다. 1641년 네덜란드는 마침내 요충지 믈라카제도를 공략했다. 네덜란드에 향료무역의 거점을 뺏긴 포르투갈은 빠르게 쇠락했다. 1657년 네

**튤립파동** 튤립파동에 휘둘린 사람들을 원숭이로 묘사한 그림이다. 당시 튤립파동은 광풍에 가까웠다. 희귀한 품종의 튤립 한 뿌리만 있으면 암스테르담의 호화로운 주택 한두 채, 치즈 27톤을 살 수 있었다.

덜란드는 포르투갈에 공개적으로 선전포고를 하고, 전쟁에 필요한 물자를 전쟁으로 조달한다며 포르투갈 상선들을 닥치는 대로 약탈하고 파괴했다. 한번은 거대한 포르투갈 상선을 포획했는데, 명나라 도자기가 가득 실려 있었다고 한다. 약탈이 빈번해지자 포르투갈이 강하게 반발했는데, 네덜란드는 오히려 자국의 법률가 휘호 흐로티위스Hugo Grotius가 쓴《해양자유론》을 인용해 "(태평양과 인도양의) 항로는 스페인과 포르투갈에 속한다"라는 주류의 관점을 반박하고, 공해는 공기 같아서 누구나 항행의 자유를 누린다고 주장했다. 갈등이 격해지자 영국을 통치하던 찰스 2세가 1661년 조정에 나섰다. 이에 두 나라는, 브라질은 계속 포르투갈에 속하지만, (포르투갈이 관할하는) 아메리카대륙의 다른 지역은 네덜란드에 문호를 개방해야 하고, 포르투갈은 아시아에서 네덜란드가 빼앗은 권익을 인정한다는 협정에 서명했다.

이렇게 네덜란드는 점차 포르투갈의 패권을 잠식하고 장기간 향료무역을 통제했다. 하지만 네덜란드의 패권 또한 오래 유지되지 못했다. 높은 대외무역 의존도, 단일한 산업구조, 생산력 저하, 튤립파동*** 등은 네덜란드가 외부의 변화에 얼마나 취약한지 잘 보여주었고, '최후의 날'은 마침내 오고야 말았다.

•

## 최강의 도전자 영국의 '항해조례'

네덜란드가 사방으로 세력을 확장하던 17세기, 영국에서는 청교도 혁명에 이어 명예혁명이 진행 중이었다. 영국은 국내 정세의 제약으로 해외로 확장하는 데 소극적이었고, 따라서 네덜란드와 경쟁할 수 없었다. 하지만 앞서 설명했듯 네덜란드의 패권은 절정에 달한 동시에 여러 위기를 겪고 있었고, 결국 청교도혁명을 성공시키고 종신 호국경이 된 올리버 크롬웰Oliver Cromwell이 도전장을 내밀

---

••• 튤립파동은 17세기 네덜란드에서 일어난 역사적 사건으로 인류 역사상 최초의 투기활동이다. 1634년부터 투기를 목적으로 튤립을 사고파는 행위가 네덜란드에 만연했다. 희귀한 품종은 말 한 마리, 마차 한 대와 같은 값에 거래되었다. 귀족, 시민, 농민, 수공업자, 선원, 점원 등 각계각층의 사람들이 재산을 현금으로 바꿔 튤립을 사들였다. 튤립열풍이 불었을 때 대붕괴는 이미 예견된 것이었다. 매도인들이 갑자기 대량으로 투매(投賣)하자 사람들은 공황에 빠졌고, 튤립시장은 1637년 2월 4일 돌연 붕괴했다. 튤립파동은 세계적으로 유명한 암스테르담 교역소에 심각한 타격을 주었을 뿐 아니라 네덜란드 경제를 큰 혼란에 빠뜨렸다. 튤립파동은 한때 번영했던 경제대국이 갑자기 쇠락하게 된 계기로 역사에 이름을 남겼다.

었다.

　네덜란드는 한 세기에 걸친 번영 속에서 대량의 부를 쌓았다. 이는 마르크스의 분석에서도 잘 드러난다.

　　"(네덜란드는) 동인도와 유럽 사이의 무역, 유럽 서남부와 동북부 사이의 무역을 거의 독점했다. 그곳의 어업, 해운업, 공장제수공업은 다른 어느 국가보다 앞섰다. (네덜란드의 자본은) 아마도 다른 모든 유럽 국가의 자본보다 많았다."

　이런 상황은 다른 유럽 열강들의 질투를 초래했고, 그들은 반전의 기회가 오기만을 기다리고 있었다.

　18세기 유럽 각국은 정치적·경제적으로 큰 변화를 겪었다. 영국은 어렵사리 회복한 국내의 평화를 바탕으로 상업을 육성하고 식민지를 확장했다. 이는 2세기 동안 계속되었다. 프랑스는 중상주의 재무대신 장 바티스트 콜베르Jean Baptiste Colbert의 집정 이래 제조업을 크게 발전시키고 식민지의 규모를 날로 늘려갔다. 스페인도 개혁을 단행해 힘을 회복했고, 스웨덴도 외교정책을 조정해 전쟁에서 발을 빼고는 경제성장에 사활을 걸었다. 이러한 변화로 네덜란드는 전혀 새로운 상황에 직면하게 되었고, 특히 영국과 치열하게 경쟁하기 시작했다.

　17세기 이래 영국은 네덜란드의 중개무역에서 벗어나기 위해 생각할 수 있는 모든 방법을 시도했다. 결국 네덜란드의 각종 무역에

건건이 대응해 타격을 가함으로써 최종적으로 패권을 쟁탈하게 되었다.

영국은 가장 먼저 네덜란드의 해운업을 공격했다. 조선업과 해운업은 네덜란드를 강성케 한 기틀이었다. 1651년 영국 정부는 '항해조례'를 발표했다. '영국 최우선'을 표방한 이 조례의 주요 내용은 영국이나 영국 식민지가 소유하거나 제조한 선박만 영국 식민지의 상품을 선적할 수 있고, 특별히 지정한 상품은 따로 허가를 받아야 영국이나 영국 식민지로 운송할 수 있다는 것이었다.

항해조례의 가장 큰 목적은 네덜란드를 영국의 경제권에서 배제하고, 영국이 무역을 장악하기 위함이었다. 이로써 영국은 네덜란드의 공업, 특히 조선업에 대한 의존을 줄여나갔다.

또한 영국 식민지의 경제활농도 규성했다. 영국과 엉국 식민시는 직접 무역해야 하고, 영국이나 영국 식민지 소유의 선박만 사용해야 한다고 못 박은 것이다. 이로써 네덜란드 상인이나 상선을 고용하지 못하도록 막았다. 네덜란드가 중개무역으로 번영했음을 생각해보면, 항해조례가 얼마나 큰 피해를 주었을지는 충분히 짐작할 수 있다.

영국은 네덜란드의 선박을 직접 파괴하기까지 한다. 17세기 후반 영국과 네덜란드는 세 차례나 전쟁을 치른다(1652~54, 1665~67, 1674~76). 이 전쟁들로 네덜란드가 곧바로 맹주의 자리에서 쫓겨난 건 아니지만, 선박을 많이 잃고 만다. 제1차 전쟁 때는 영국에 선박 1,000척을 빼앗겨 부득불 영국과 '웨스트민스터조약'을 체결, 항해

**노예시장의 바이킹** 9~11세기는 바이킹의 시대였다. 이들은 발트해 연안을 장악, 아래로는 팔레스타인까지, 옆으로는 러시아까지 뻗어 나갔다. 이후에도 꾸준히 노략질을 일삼았는데, 그 과정에서 사람들을 붙잡아 노예로 팔았다.

조례를 승인했다. 제2차 전쟁 때는 500척을 빼앗겼다. 또한 영국이 영국해협을 통제해 네덜란드 선박은 스코틀랜드 해안을 따라 멀리 돌아가야 했는데, 항로가 길어진 만큼 손실이 커졌다. 엎친 데 덮친 격으로 해적까지 기승을 부려 네덜란드는 큰 피해를 보았다. 이처럼 빈번하게 영국에 직간접적으로 공격받자 네덜란드의 신뢰도는 곤두박질쳤다. 중개무역이 기초부터 흔들리기 시작한 순간이었다.

1670년 이후 유럽 각국이 긴축통화정책을 단행한 것도 네덜란드를 압박했다. 상품이 극도로 풍부해져 가격이 내려가자 돈을 많이 풀지 않기로 한 것인데, 네덜란드 상인과 상선은 여전히 높은 보수를 요구했기에 결국 경쟁력을 잃고 말았다.

18세기가 되면 암스테르담의 금융산업마저도 런던의 도전을 받는다. 무역이 날로 확장되자 영국의 어음업무도 발전을 거듭했다. 이로써 런던의 은행들은 점차 암스테르담의 은행들을 대체하기 시작했다. 18세기 내내 런던의 은행들은 국내외 고객에게 수표를 할인했는데, 할인율은 5~6퍼센트였다. 그런데 암스테르담의 은행들은 600플로린 이상의 가치가 있는 수표만 현금으로 바꿔주었다. 수표의 폭넓은 할인으로 완전 양도가 가능해진 덕분에 런던의 은행들이 국제금융을 선도하게 되었다.

경쟁이 격렬해지자 네덜란드는 가장 먼저 해상무역에서 이익을 상실했다. 발트해에서든 대서양에서든 모두 마찬가지였다. 영국, 프랑스, 스웨덴 등과 경쟁하며 네덜란드는 점차 불리해졌다. 게다가 유럽 각국은 서로 관세를 감축해 무역을 촉진했는데, 이는 중개무역을 하던 네덜란드에 치명타를 가했다.

네덜란드는 향료무역으로 대량의 부를 쌓았고, 이 부로 대적할 상대가 없는 해군을 꾸렸으며, 이 해군으로 무역전쟁에서 승리했다. 하지만 달라진 무역환경과 영국이라는 새로운 패자의 등장으로 네덜란드의 황금시대도 막을 내리게 되었다.

# 2부

# 전 세계 패권을
# 뒤흔든 무역전쟁 :

## 대륙봉쇄부터
## 대공황까지

# 1
# 대륙을 봉쇄한
# 작은 거인 나폴레옹

—

19세기 초는 나폴레옹에게 가장 화려했던 시기였다. 황제로 등극한 나폴레옹은 에나-아우어슈테트 Jena-Auerstedt 전투를 시작으로 독일 전역을 정복하고 신성로마제국을 무너뜨렸다. 그의 다음 목표는 유럽과 세계를 제패하는 것이었다. 나폴레옹은 숙적 영국과 싸워 이기려면 경제부터 철저하게 무너뜨려야 한다고 생각했다. 그래서 '대륙봉쇄'라는 카드로 무역전쟁을 일으켜 영국의 숨통을 조르려 했다. 하지만 세계 경제의 흐름과 동떨어진 이런 전략은 나폴레옹이 전혀 생각하지 못한 결과를 낳았다. 우선 러시아와의 전쟁이 터졌고, 이는 황제에게 큰 도전이 되었다.

—

:

## 육지와 바다를 양분한 프랑스와 영국

나폴레옹 하면 사람들은 그의 혁혁한 전공을 떠올리거나 워털루전

투의 패배를 애석해한다. 유럽의 국가들은 왜 일곱 차례나 대對프랑스동맹을 결성해 나폴레옹에게 대항했던 것일까. 흔히 프랑스대혁명의 불씨가 자국에 번지는 것을 막기 위함으로 설명하는데, 사실 이면에는 경제적 이유가 숨어 있었다. 즉 나폴레옹이 발동한 대륙봉쇄 때문이었다. 경제적으로 긴밀히 연결된 유럽 각국은 시대에 역행하는 대륙봉쇄를 견딜 수 없었다.

19세기 초 네덜란드를 격파한 영국과 모든 영역에서 빠르게 성장한 프랑스는 모두 패권국의 지위를 넘보게 되었다. "산에 호랑이가 두 마리일 수 없다"라는 말처럼 두 나라의 대결은 자연스러운 일이었다.

1066년 프랑스의 노르만족이 영국을 정복한 이래 두 나라의 충돌은 오랫동안 계속되어왔다. 가장 유명한 것이 1337년부터 1453년까지 치열하게 싸운 백년전쟁이다. 백년전쟁에서 누가 이기고 졌는지는 명확하게 가릴 수 없다. 이후 벌어진 루이 14세 시절의 전쟁과 칠년전쟁도 마찬가지다. 드골이 "영국의 성공은 바로 프랑스의 실패이고, 영국의 이익은 바로 프랑스의 손실이다"라고 한 것처럼 두 나라는 천생 앙숙이었다.

18~19세기 영국과 프랑스는 확실히 서로 필적할 만한 국력을 갖춘 강국이었다. 역사적으로 영국은 주류에서 벗어난 섬나라로 영국해협을 끼고 줄곧 유럽 국가들과 대치해왔다. 그러던 중 18세기 들어 농업혁명을 거치며 인클로저운동으로 노동생산성이 급격히 향상되었다. 산업혁명이 곧바로 뒤를 이었다. 1760년대부터 1780

년대까지 불과 20여 년 만에 영국은 명실상부한 산업국가가 되었다. 면방직, 철강, 석탄을 위주로 한 기간산업에 힘입어 영국은 세계 최초로 산업혁명에 성공했다. 영국의 국력은 전에 없이 강해져 일약 가장 발전한 나라로 떠올랐다. 나아가 전 세계에 식민지를 둬 '해가 지지 않는 나라'로 불렸다.

가장 먼저 산업혁명에 성공하고 경제적으로 크게 발전한 영국의 제품은 유럽 각국에서 인기를 끌었다. 그런데 영국도 제품생산에 필요한 원자재와 생필품의 수요가 커져 수입하는 양이 많이 늘었다. 상호의존관계가 깊어진 것이다.

프랑스는 남쪽으로는 지중해와, 서쪽으로는 대서양과 접해 영국과 비교하면 대국이라 할 수 있다. 대항해시대에는 식민지를 크게 늘려 영국과 비등했다. 1604년 프랑스 동인도회사를 세워 인도 동남부 일대에 식민지를 개척하고, 1608년 캐나다 퀘벡을 식민지로 삼아 신속하게 미시시피강과 오대호 일대를 점거했다.

17세기 말이 되면 유럽에서 프랑스의 국력을 따라갈 나라가 없어졌다. 육군은 40만 명에 이르렀다. 해군은 1688년부터 1697년까지 치른 대★동맹전쟁과 1692년 치른 라호그Lahougue해전 전까지는 영국과 네덜란드의 해군을 합친 것보다 컸다. 이 시기 영국과 프랑스를 한데 놓고 비교하면 영국은 바다의 패권을, 프랑스는 육지의 패권을 장악하고 있었다고 할 수 있다. 이에 장기적으로 대치하던 중 정치적·경제적으로 다투기 시작하면서 관계가 점점 나빠졌고, 프랑스대혁명에 이르러 취약했던 균형이 깨지고 말았다.

**알프스를 넘는 나폴레옹**  1800년 나폴레옹은 대프랑스동맹을 분쇄하기 위해 3만 7,000명의 병사를 이끌고 알프스산맥을 넘어 이탈리아로 쳐들어갔다. 당시 나폴레옹은 그림 속 백마가 아닌 민가에서 빌린 노새를 탔다고 한다.

   프랑스대혁명이 일어나자 유럽 각국은 혁명의 불길이 옮겨붙을까 봐 불안해했다. 영국 또한 처음의 중립정책을 버리고 네덜란드, 스페인, 프로이센, 오스트리아, 러시아, 스웨덴 등과 연합해 대프랑스동맹을 결성했다. 두 번째 대프랑스동맹을 분쇄하던 와중인 1799년 11월 9일 나폴레옹은 '브뤼메르 18일 쿠데타'를 일으켜 총재정부를 전복하고 통령의 자리에 올라 대권을 주물렀다.

   나폴레옹에게 영국은 주적이었고, 프랑스가 세계를 제패하는 데 반드시 넘어야 할 상대였다. 그렇다면 어떻게 숙적 영국과 싸워 이길 것인가.

## 대륙봉쇄로 유럽이 신음하다

1804년 나폴레옹은 황제를 자칭하며 프랑스제국을 세우고 정복전쟁을 시작했다. 오스트리아-헝가리제국의 황제는 화친을 강요당하고, 프로이센의 국왕과 왕비는 포로와 다름없는 신세로 전락했다. 나폴레옹은 10년 만에 유럽 대부분을 정복했다.

나폴레옹은 영국도 손에 넣기 위해 여러 일을 꾸몄다. 트라팔가르해전이 대표적이다. 영국 본토를 치기 위해 스페인과 연합함대를 꾸린 나폴레옹은, 그러나 넬슨에게 패해 부득불 영국의 해상패권을 인정해야 했다. 그보다 앞서 벌인 이집트원정으로 영국과 인도의 교류를 끊고자 한 시도도 실패했다. 마지막으로 시도한 방법이 바로 무역전쟁이다. 나폴레옹은 영국과 다른 유럽 국가들의 관계를 끊어버리고자 했다. 이론적으로는 성공할 만했다. 섬나라 영국은 땅덩어리가 협소해 많은 자원을 수입에 의존했고, 더군다나 산업국가로서 석탄, 목재, 철 등의 물자를 대량으로 수입했다. 그래서 무역이 끊어지면 영국의 경제는 정상적으로 돌아갈 수 없었다. 게다가 이 책략은 이미 예행연습을 한 적이 있었다. 1803년 6월 나폴레옹은 영국에서 아무것도 수입하지 못하게 했다. 그런데도 중립국을 거쳐 영국 제품이 조금씩 들어오자 1804년 3월에는 면직물의 수입관세를, 1805년 2월에는 식민지 제품의 수입관세를 인상했다.

1806년 11월 20일 나폴레옹은 프로이센을 정복한 후 베를린에서 '베를린칙령'을 발표했다. 칙령을 요약하면 '영국제도를 봉쇄하

**프로이센의 루이제 왕후**　루이제 왕후는 빌헬름 3세의 부인으로 나폴레옹을 이렇게 평했다. "나폴레옹은 절제를 모른다. 무릇 절제를 모르는 사람은 머지않아 균형을 잃고 땅바닥에 거꾸러질 것이다."

고 영국과의 모든 무역과 왕래를 일절 금지한다'는 것이다. 이렇게 해서 러시아 국경부터 북유럽과 프랑스의 서부 해안, 지중해 연안을 거쳐 다르다넬스해협까지 철벽이 둘러쳐졌다. 영국 선박은 철벽 밖에서만 머무를 수 있었다. 나폴레옹은 대륙봉쇄를 강화하기 위해 이듬해 '밀라노칙령'을 선포했다.

　대륙봉쇄는 결코 망상이 아니었다. 나폴레옹은 한편으로는 영국 경제에 타격을 가해 싸우지 않고 굴복시키고자 했고, 다른 한편으로는 프랑스의 상공업을 보호하고 영국과의 격차를 줄이고자 했다.

이처럼 대륙봉쇄는 명실상부한 무역전쟁이었다.

나폴레옹이 베를린칙령을 발표하자 영국은 신속하게 대응했다. 칙령을 따르는 중립국 선박은 압류하거나, 지정한 항구에서만 하역하도록 했다. 특허증을 가진 사람에게만 무역을 허가하거나 관세를 올리기도 했다. 무엇보다 프랑스로 아무것도 흘러 들어가지 못하도록 막았다. 하지만 나폴레옹이 봉쇄권을 확대함에 따라 이런 대응은 효과를 보지 못했다.

대륙봉쇄는 영국에 심각한 타격을 입힌 듯 보였다. 칙령의 엄격한 집행으로 프랑스 제품이 영국 제품을 순조롭게 대체해나갔다. 그 사이 프랑스의 방직업과 야금업이 발전했기 때문이다. 하지만 이런 번영은 사실 허상이었다. 프랑스의 산업은 여전히 초기 단계에 머물러 제품의 수량이나 품질이 영국 제품보다 뒤떨어졌다. 게다가 일시적인 우위조차 자유로운 경쟁으로 획득한 것이 아니기에 진정으로 소비자의 눈길을 끌지 못했다.

대륙봉쇄의 기간이 길어지자 이런 문제점이 드러나기 시작했다. 먼저 프랑스를 제외한 유럽 각국이 피해를 보기 시작했다. 영국은 그들의 최대 통상국이었기 때문이다. 예를 들어 농업국이었던 프로이센과 러시아는 영국에 엄청난 물량의 농산물을 수출하고 있었다. 금액으로 따지면 영국 농산물수입액의 72퍼센트에 달했다. 그런데 대륙봉쇄로 농산물의 수출길이 막히고, 엎친 데 덮친 격으로 커피, 카카오, 설탕, 후추 등 수입품의 가격이 폭등해 이들 l 나라의 고통은 이루 말할 수 없었다. 좀더 자세히 살펴보면 상공업에 종사하는 자산계급의 피해가 두드러졌다. 원자재를 구할 수 없게 된 많은 공장이 문을 닫았다. 노동자와 농민의 처지는 더 비참했다. 실업과 굶주림은 많은 사람을 궁지로 몰아넣었다.

이처럼 나폴레옹의 대륙봉쇄는 유럽 각국의 경제발전을 심각하게 저해해 재정을 파탄 나게 하고, 나아가 국민을 궁핍하게 했다. 그런데도 나폴레옹은 더 가혹한 조치를 취했다. 그는 프랑스 제품을 팔기 위해 유럽 각국이 공산품을 수입, 수출하지 못하게 하고, 프랑스 제품에는 특혜에 가까운 매우 낮은 수입관세를 부과하도록 강요했다.

봉쇄가 있으면 반反봉쇄도 있기 마련이다. 감히 나폴레옹에게 정면으로 대항하는 나라는 없었지만, 밀무역으로 대륙봉쇄를 적당히 회피했다. 영국도 밀무역을 반봉쇄의 중요한 수단으로 삼았다. 한편으로는 해상에서의 우위를 이용해 프랑스에 대응하고, 다른 한편으로는 유럽 각국과 협력해 적극적으로 밀무역을 수행했다. 나폴리의 변경에서, 이베리아반도의 해안에서, 북해와 발트해의 몇몇 항구에서 밀무역이 활발히 진행되자 대륙봉쇄의 효력은 점점 약해졌다.

:

## 러시아에 무릎 꿇은 황제

대륙봉쇄가 막 시행되자 영국은 공황에 빠졌다. 런던의 교역소들은 우왕좌왕했고, 창고는 팔 곳을 잃은 상품들로 가득 찼으며, 방직물 가격은 폭락했다. 마치 영국이 곧 끝장날 것처럼 보였다. 하지만 영국이 오래 버티고 프랑스가 식민지를 잃으면서 초조해지기 시작한 건 오히려 나폴레옹이었다.

당연히 나폴레옹은 날로 창궐하는 밀무역을 용인할 생각이 없었다. 그는 더욱 엄격한 조치로 밀무역을 통제하도록 세관에 엄명을 내렸다. 밀수품을 몰수해 불태워버리는 것은 기본이고, 밀수꾼은 군사재판에 회부하거나 즉결심판을 거쳐 총살해버리기도 했다. 또한 대륙봉쇄가 엄격히 집행되도록 대신과 장군들을 거듭 질책하고, 프로이센과 스페인 등에 대규모 군경을 파견해 밀무역을 뿌리 뽑고자 했다.

그렇지만 아무리 해도 밀무역을 막을 수 없었다. 결국 나폴레옹은 무력을 동원하기로 한다. 밀무역이 횡행한 나라를 군대로 점령해 프랑스가 직접 관리하는 세관을 설치하고자 한 것이다. 1808년 3월 영국과 양모를 밀무역했다는 이유로 가장 먼저 스페인을 점령했다. 이후 한자동맹에 가입한 도시들, 즉 뤼베크, 베스트팔렌, 아렌베르크, 올덴부르크를 합병하고, 스위스 일부를 점령했다. 이런 조치는 강렬한 저항을 불러일으켰다. 스페인, 포르투갈, 프로이센, 오스트리아에서 민족주의 해방운동이 전개되며 프랑스를 압박하기 시작했다. 동쪽과 서쪽에서 동시에 공격당한 나폴레옹은 당황하기 시작했다. 바로 이 기회를 놓치지 않고 동맹국 러시아가 이빨을 드러냈다.

영국이니 프랑스와 달리 러시아는 나후된 농업국이었다. 자급자족조차 하지 못했다. 농산물을 수출하고 생필품을 수입했다. 주요 상대는 당연히 영국이었다. 그래서 1807년 대륙봉쇄에 참여한 후 곧바로 경제적 곤경에 처하게 되었다. 1808년 한 해 동안 발트해의 항구들을 드나든 선박은 743척뿐으로 예년보다 매우 적었다. 수출 길이 막힌 농산물은 가격이 폭락했는데, 이는 루블화의 화폐가치에 도 악영향을 미쳐 지주, 상인, 귀족들이 심각한 경제적 손실을 보았 다. 이처럼 대륙봉쇄로 러시아가 입은 손해는 막대했다. 이에 공개 적으로 반발하고 나섰다.

1810년 12월 19일 러시아 차르 알렉산더 1세는 '1811년 중립 국 무역에 관한 규정'을 반포했다. 이로써 선박과 화물의 중립성을 증명하는 문서와 수속을 간소화해 중립국과의 무역을 원활하게 진 행하도록 했다. 이는 사실상 영국을 향해 대문을 활짝 열어젖힌 것 이나 마찬가지였다.

이렇게 대놓고 대륙봉쇄를 따르지 않는 러시아에 나폴레옹은 격 노했다. 철벽에 구멍을 뚫는 러시아의 행태를 용인할 생각이 전혀 없었다. 1812년 6월 나폴레옹은 병사 61만 명, 대포 1,400문, 군마 15만 필을 이끌고 네무나스강Nemunas을 건너 선전포고도 없이 러 시아를 공격했다. 그는 러시아의 폭설이 자신의 정치생명을 끝내리 라고는 생각하지 못했다. 러시아 총사령관 미하일 쿠투조프Mikhail Kutuzov는 견벽청야堅壁清野, 즉 후퇴하면서 적군이 쓸 만한 물자를 모두 소개疏開하는 전술로 나폴레옹의 불패신화를 깨뜨렸다. 프랑 스 군대는 후퇴하는 러시아 군대를 쫓아 적진 깊숙이 진격하나, 물 자부족과 혹독한 추위 앞에 무릎 꿇고 말았다. 61만 명의 병사 중 프

**러시아에서 후퇴하는 나폴레옹**　나폴레옹의 러시아원정은 모스크바까지 손에 넣는 등 순조로워 보였다. 하지만 러시아군의 끈질긴 게릴라전과 혹독한 추위에 보급이 끊기자 프랑스 군대는 속절없이 무너지고 말았다.

랑스로 돌아온 건 3만 명뿐이었다. 이후 나폴레옹을 맞이한 건 제6차 대프랑스동맹이었다.

　대륙봉쇄는 강제적인 대규모 경제봉쇄였다. 나폴레옹은 유럽 국가들이 자기 뜻을 따르도록 위협하고, 무력으로 자유로운 무역을 막았다. 이런 정책은 오래 계속될 수 없다.

　다시 한번 자료를 살펴보자. 대륙봉쇄가 진행되는 동안 영국의 수출액은 1805년 4,820만 파운드에서 1810년 6,100만 파운드로 오히려 상승했다. 반대로 다른 유럽 국가들은 농산물 등 각종 제품의 판로를 잃어 거의 파산할 지경에 이르렀다. 프랑스도 이득이 크지 않았다. 비록 몇몇 제품을 덤핑하니, 영국의 선진 공업기술을 배울 기회를 제 발로 차버리고 산업혁명을 지체시켰다.

이처럼 봉쇄, 장벽, 독점은 다른 나라의 이익을 침해할 뿐 아니라 자국의 발전도 방해한다. 봉쇄로 경제를 발전시킨 나라는 세상 어디에도 없다.

# 2
# 미국을 남북으로 나눈
# 아나콘다

―

1861년 발발한 남북전쟁은 미국 역사상 유일한 내전이었다. 남부의 열한 개 주가 독립을 요구한 게 전쟁의 도화선이 되었지만, 이후 노예제 폐지를 둘러싼 혁명전쟁으로 진화했다. 하지만 이 전쟁의 배후에도 경제적 이유가 숨어 있다. 북부의 상공업 경제와 남부의 노예노동에 기반한 농장주 경제 사이에 존재하던 커다란 모순이 충돌한 것이다. 오늘날 남북전쟁을 돌아보면 시작부터 끝까지 경제적 이유로 추동되었고, 포연 가득한 전선 밖 보이지 않는 곳에서 각종 경제적 수단을 동원한 무역전쟁이 동시에 치러졌음을 알 수 있다.

―

:

## 경제적 충돌로 분단된 미국

미국은 건국 후 느슨한 연방제를 택해 당시 열세 개 주마다 나름의 법과 경제제도를 마련해 운영했다. 이런 정치형태에서 마찰과 갈등은 피할 수 없는 일이었고, 무엇보다 경제적 관점에서 남부와 북부가 충돌했다.

첫째, 관세에 관한 생각이 달랐다. 북부는 상공업이 막 발전하는 단계여서 선진 공업국과 경쟁하기에는 부족했다. 그래서 외국 제품이 미국에서 대량으로 팔리지 않도록 연방정부가 수입관세를 높이기를 바랐다. 하지만 남부는 생각이 전혀 달랐다.

남부는 면화를 수출해 번 돈으로 공산품을 수입했다. 당연히 높은 수입관세를 강력하게 반대했다. 농장주들은 자유롭게 면화를 팔고, 외국에서 수입한 값싼 공산품을 살 수 있게 해달라고 요구했다. 게다가 당시 남부는 연방정부 세입의 4분의 3을 부담하고 있었다. 따라서 자신들의 요구가 받아들여지는 게 당연하다고 생각했다.

남부와 북부는 영국을 대하는 태도 또한 달랐다. 남부는 영국과의 관계가 비교적 좋았는데, 대량의 면화와 초보적 수준의 공산품을 수출하는 등 직접적인 이해관계가 있었기 때문이다. 하지만 북부에 영국은 순전히 경쟁상대였을 뿐이다. 영국은 줄곧 식민지를 상품을 판매할 시장이자 원자재를 값싸게 살 원산지 정도로 여겼다. 그래서 북부는 남부가 각종 원자재와 공산품을 영국에 수출하는 것을 처음부터 못마땅해했다.

둘째, 노예제에 관한 생각이 달랐다. 노예제 폐지는 표면적으로는 정치적 요구지만, 실질적으로는 경제와 직결된 문제였다. 미국이 독립전쟁을 치를 때는 식민지 열세 개가 모두 노예제의 합법성을 승인했다. 하지만 독립 이후 1820년대부터 10년간 자유주 열한

**목화농장의 노예**   미국 남북전쟁 발발 직전 노예의 수는 400만 명에 달했다. 이들은 대부분 목화농장에서 일했다. 매일 열여덟 시간 넘게 일하면서도 1년에 7달러도 안 되는 생활비를 받았다. 물론 인신의 자유는 꿈도 꿀 수 없었다.


개가 새로 생기면서 상황이 달라졌다. 북부는 노예제 폐지를, 남부는 유지를 주장했다.

이는 남부와 북부의 경제적 차이에서 비롯되었다. 남부의 농장은 수많은 노예가 끊임없이 필요했다. 물론 상공업에 기반한 북부도 많은 노동자가 필요했다. 하지만 그들이 원한 건 속박된 노예가 아니라 효율이 높은 자유로운 노동자였다. 1850년대가 되면 남부와 북부의 경제력은 역전되기 시작한다. 남부 경제는 점점 침체했고, 북부 경제는 방직, 석탄, 철강을 중심으로 급속히 성장했다. 남북의 균형이 깨지며 일촉즉발의 긴장감이 미국을 휩쓸었다.

그 와중에 미국 의회가 1828년과 1832년 두 차례에 걸쳐 수입 관세를 높이는 법을 통과시켰다. 명백히 북부의 공업을 육성하려는 조치였다. 이에 남부는 격분했다. 유럽 국가들이 남부가 수출하는 농산물에 보복성 수입관세를 부과하는 건 불 보듯 뻔한 일이었다. 남부는 의회의 결정을 '증오관세'라고 조롱했다. 사우스캐롤라이나는 한술 더 떠 연방령을 폐지하는 강력한 조례를 통과시키고, 1828년과 1832년의 관세법이 무효임을 선포했다. 이처럼 경제적 충돌이 격화되며 남북전쟁의 씨앗을 뿌리고 있었다. 경제사학자들이 남북전쟁을 '기본적으로 지역경제의 충돌'로 보는 이유다.

∶

## 스콧의 아나콘다작전과 링컨의 해상봉쇄

1860년 노예제를 반대하는 공화당의 링컨이 대통령에 당선되자 남부는 절망했다. 경제적으로 수탈당하고 있다고 여긴 그들은 남부만의 연방정부 성립을 선포했다. 이로써 남북의 갈등이 해결할 수 없을 정도로 격화되었고, 결국 1861년 남북전쟁이 일어났다. 이 책은 남북전쟁에서 양측이 주고받은 무역전쟁을 주로 이야기하려 한다. 1회전은 봉쇄와 반봉쇄였다.

《바람과 함께 사라지다》는 남북전쟁을 배경으로 한 소설이다. 남자 주인공 레트 버틀러Rhett Butler는 봉쇄선封鎖線을 오가며 물건을 팔고 폭리를 취하는 상인으로 성격이 거칠고 자유분방하다. 하지만 어렵사리 약품을 구한 일로 사람들에게 영웅으로 칭송받는다. 이때 버틀러가 넘나든 봉쇄선이 바로 북부가 남부의 경제를 고사시킬 목적으로 둘러친 설정한 가상의 선이다.

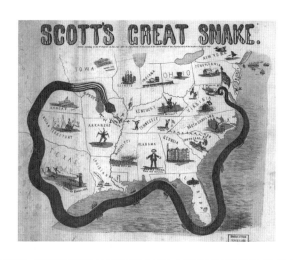

**아나콘다작전**  아나콘다작전을 다룬 만평이다. 당시 이 작전은 현실적이지 못하다는 점에서 많은 비판을 받고, 연방정부도 공식적으로 실행하지 않았다. 하지만 그 개념 자체는 링컨의 해상봉쇄로 실현되었다.

남북전쟁이 발발하자 남부는 담배와 면화 같은 농산물을 수출하고 생필품을 수입해 주민의 생활을 안정시켰다. 이렇듯 남부는 대외무역에 크게 의존했는데, 북부는 이를 잘 알고 있었다. 1861년 3월 북부 총사령관 윈필드 스콧Winfield Scott은 외국 화물이 들어올 만한 통제되지 않은 항구를 아예 폐쇄한다는 강력한 작전을 건의했다. 언론은 이 작전을 '아나콘다작전'으로 불렀다.

처음에는 불가능하다는 비판이 많았지만, 결국 같은 해 4월 19일 링컨이 해상봉쇄를 명함으로써 본격적인 무역전쟁이 시작되었다. 남부의 해안선은 굴곡이 심하고 그 길이가 1만 9,000킬로미터에 달해 크고 작은 항구가 매우 많았다. 하지만 이는 별문제가 되지 않았다. 북부는 남부보다 훨씬 강력한 해군을 동원해 해상봉쇄를 성공적으로 수행했다. 남부는 봉쇄선 안에 완전히 고립되었다.

당연히 봉쇄가 있으면 반봉쇄도 있기 마련이다. 남부의 선박들은 봉쇄선을 넘으려고 계속해서 시도했다. 그 와중에 무려 1,500척 정도의 선박이 격침되거나 포획되고, 소수의 선박만이 봉쇄를 뚫는 데 성공했다. 이들 선박이 가지고 온 물자는 너무 적어 언 발에 오줌 누는 격이었다. 몇몇 영국 모험가가 소형 밀수선을 준비해 쿠바와 바하마에서 무기를 싣고 남부로 향했지만, 대개 붙잡혔다. 북부는 포획한 선박과 화물을 곧바로 매각해 수입은 연방정부에 귀속하고, 선원들은 구속하되 영국인이면 어쩔 수 없이 석방했다.

당시 북부의 사병은 매일 베이컨, 스테이크, 밀가루, 옥수수, 빵을 먹을 수 있었고, 쌀, 식초, 소금, 설탕, 비누, 양초 등 생필품을 충분히 공급받았다. 하지만 남부의 사병은 겨우 옥수수만 먹을 수 있을 뿐 기타 먹을거리와 기본적인 생필품을 보급받지 못해 사기가 갈수록 떨어졌다.

이처럼 해상봉쇄가 남부에 끼친 피해는 매우 컸다. 먼저 면화와 담배의 판로를 끊어 남부의 경제를 무너뜨렸다. 또한 남부에 전략 물자가 유입되는 것을 막아 군대의 전투력을 떨어뜨리고, 얼마간 농업생산을 중단시키기에 이르렀다. 북부의 군사력이 세질수록 남부를 둘러친 봉쇄선도 점점 좁혀졌다. 남부는 종이, 옷감, 기름, 비누 등 생필품이 품귀현상을 빚었다.

해상봉쇄의 악영향은 이 정도에서 그치지 않았다. 전쟁에는 막대한 돈이 들어간다. 그런데 해상봉쇄로 남부의 경제는 심각하게 위축되었다. 봉쇄선이 워낙 빈틈없어 수출 자체가 제대로 되지 않아 수입이 보잘것없었다. 어쩔 수 없이 남부는 수억 달러의 공채를 발행하고 화폐를 찍어댔다. 하지만 이런 방법은 독이 든 술로 갈증을 해소하는 것과 다를 바 없었다. 남발한 화폐가 인플레이션을 일으켜 경제의 쇠퇴를 가속했기 때문이다.

남부는 외국에서 차관을 들여오려고도 했다. 1863년 남부는 유럽에서 1,500만 달러어치의 채권을 발행했다. 이 채권은 남부의 면화를 담보로 했는데, 결론적으로 남부가 얻은 돈은 250만 달러뿐이어서 상황을 타개하기에는 역부족이었다.

약해질 대로 약해진 남부는 패배를 거듭했다. '아나콘다'가 조여오자 남부의 경제는 완전히 무너지고 말았다.

⋮

## 면화대왕이 남부를 배신하다

전쟁을 시작하며 남부는 최소 두 가지 실수를 범했다. 첫째, 미국을 통일하겠다는 북부의 결심을 과소평가했다. 그들은 북부가 전쟁에 염증을 느껴 금방 그만둘 것으로 내다보았다. 둘째, '면화대왕'의 역할을 과대평가했다. 그들은 북부의 해상봉쇄로 면화수출이 막히면 유럽 경제도 타격을 입기에 영국과 프랑스가 전쟁에 개입하리라 생각했다. 하지만 이후 역사를 보면 무역전쟁의 주도권이 결코 그들에게 있지 않았음을 알 수 있다.

1850년부터 1860년까지 영국이 사용한 면화의 80퍼센트를 공급한 남부는 국제적 지지를 얻을 수 있을 것으로 자신하고 여론전을 펼쳤다. 당시 신문에 실린 농장주들의 말이 이를 잘 보여준다.

"조금도 의심할 여지 없이 영국이 모든 힘을 다해 전 세계를 동원해 남부를 구원할 것이다."

"당신들은 우리의 면화와 싸울 생각을 말아라. 세계에서 아무리 큰 나라라도 면화와 싸우는 나라는 없다. 면화가 바로 왕이다!"

실제로 남부는 북부의 해상봉쇄를 크게 신경 쓰지 않았다. 영국과 프랑스가 경제적 필요에 따라 북부의 해상봉쇄를 그냥 두지 않을 거로 생각한 것이다. 당시 남부의 가장 중요한 항구도시 찰스턴 Charleston에서 발행된 한 신문은 이런 사설을 실었다.

"주도권은 우리 손안에 있다! 우리는 프랑스의 면방직공장들이 도산할 때까지 계속할 것이다. 그들이 우리 독립을 승인하지 않으면 절대 그만두지 않을 것이다."

면화가 부족한 상황을 만들어 유럽이 빨리 개입하도록 남부는 일부러 재배지를 줄이고, 심지어 250만 포를 불태워버렸다. 하지만 이어진 상황은 남부의 예상을 크게 비껴갔다.

**남부의 폭도들**  북부의 해상봉쇄로 가장 기본적인 생필품조차 구할 수 없게 되자 남부의 여성들이 폭도가 되어 식료품점을 털고 있는 모습이다.

남북전쟁 개시 1년 전인 1860년 영국은 남부에서 면화 258만 포를 수입했다. 프랑스의 상황도 비슷했다. 두 나라 모두 많은 양을 비축했으므로 남북전쟁 초기에는 면화를 수입하지 못해도 별문제가 없었다. 물론 비축된 면화를 다 사용한 후에는 두 나라의 경제도 영향받기 시작한다. 1862년 영국은 남부에서 고작 면화 7만 2,000포를 수입했다. 그러자 면방직공장의 노동자 40만 명이 일자리를 잃었다. 하지만 위기는 오래가지 않았다. 국제적으로 면화산업이 변화하고 있었기 때문이다. 인도와 이집트의 면화산업이 점차 성장하면서 영국과 프랑스는 남부의 면화에 절대적으로 의존할 필요가 없어졌다. 오히려 당시 두 나라에 가장 필요한 것은 밀이었다. 그리고 이는 북부에서 가장 많이 생산하는 작물이었다.

연이은 흉년으로 영국은 먹고살기조차 힘들 정도가 되었다. 당연히 대량의 밀을 살 수 있는 북부와 좋은 관계를 유지해야 했다. 그뿐 아니라 영국 산업계도 북부에 수출을 집중하려 했기에 부득불 남부와 거리를 두기 시작했다. 영국은 남부가 영국에서 건조하고 있던 중형 철갑선 두 척을 압류하고, 이후 북부와의 해상무역을 직접 관리하면서 남부의 방해를 무력화했다. 영국이 이런 태도를 보이자 유럽의 다른 나라들도 남부의 합법성을 승인하지 않았다.

영국의 정치가 비스카운트 파머스턴Viscount Palmerston이 "국가와 국가 사이에는 영원한 친구도 없고, 영원한 적도 없으며, 단지 영원한 이익만 있을 뿐이다"라고 한 것처럼, 영국이 최종적으로 북부를 선택한 것은 필연이었다. 북부가 남부보다 더 많은 경제적 이익을 줄 수 있었기 때문이다. 영국이 남부와 관계해 얻는 이익은 면방직산업으로 한정되는데, 당시 이미 쇠락기에 접어들고 있었다. 그보다는 북부에서 빠르게 성장 중이던 도로, 철도, 은행, 금융 등의 산업이 날로 중요해지고 있었다. 영국은 여기에 투자를 집중했을 뿐이다.

이렇게 북부는 막강한 군사력을 바탕으로 해상봉쇄를 성공적으로 수행하고, 새로운 산업을 육성하여 유럽 국가들의 투자를 끌어내며, 마지막으로 밀을 활용해 열강들이 남부의 합법성을 승인하지 못하게 하는 데 성공했다. 이는 '싸우지 않고 적을 굴복시킨 전쟁'의 좋은 예다.

# 3
# 아편 앞에
# 무너진 은의 제국

—

역사적으로 명나라와 청나라는 '은銀의 제국'으로 불렸다. 은본위제를 유지하려고 수백 년간 차를 팔아 전 세계의 은을 빨아들였기 때문이다. 18세기부터 19세기 중반 아편전쟁이 벌어지기 전까지 유럽과 아메리카대륙에서 1억 7,000만 냥에 달하는 은을 들여왔다. 하지만 이후 외세의 침탈이 시작되며 거대한 변화를 맞게 되었다. 무력까지 동원된 무역전쟁이 발발하자 동서양 문명의 충돌은 피할 수 없게 되었다.

—

:

## 시류를 읽지 못한 청나라의 오만함

청나라 하면 일반적으로 '굴욕의 역사', '폐관쇄국', '개항 강요' 등을 떠올린다. 하지만 청나라도 짧지만 눈부신 시절이 있었다. 청나라의 6대 황제 건륭제乾隆帝는 러시아의 차르를 상대로 세 번의 무역전쟁을 일으켜 승리했다.

1727년 청나라와 러시아는 통상문제를 해결하고 몽골 쪽의 국경을 확정하는 '캬흐타조약'에 서명했다.• 캬흐타는 두 나라가 접하는 곳에 있는 상업과 무역의 도시인데, 조약에는 이곳에 무역소를 신설한다는 내용이 포함되어 있었다. 조약이 체결된 다음 해 캬흐타는 변경무역의 특구로 개방되었고, 무역이 활발해져 해상무역의 중심지인 광주廣州와 비교해도 손색없을 정도가 되었다. 당시 서양인들은 이 지역을 '사막의 베니스'로 불렀다. 캬흐타의 변경무역은 러시아에도 큰 이익을 선사해, 두 나라는 비교적 오랫동안 평화를 유지했다.

하지만 좋은 시절은 오래가지 않았다. 1750년대 후반 들어 청나라와 러시아 간 마찰이 생겼고, 첫 번째 무역전쟁이 발발했다. 관계가 급속히 나빠진 데는 정치적·경제적 이유가 있었다. 우선 러시아가 자기 영토로 도주한 준가르족을 청나라에 넘겨주지 않았다. 또한 규정을 어겨 청나라 상인에게 세금을 징수했다. 교섭이 효과가 없자 진노한 건륭제가 무역전쟁이라는 칼을 빼 들어 러시아와의 무역을 끊고 변경에서의 밀거래를 엄격하게 단속했다.

황제의 분노는 만만치 않았다. 건륭제는 러시아를 응징하기로 하고 단호하게 무역전쟁을 진행했다. 감판勘判 대신 추달醜達 등이 사

---

• 러시아는 이 조약으로 영토, 무역, 종교 등에서 많은 이익을 얻었다. 특히 바이칼호의 남쪽과 서남쪽 약 10제곱킬로미터의 땅을 얻었다.

리사욕을 채우고자 캬흐타에서 밀무역한 것을 알게 되자 현장에서 바로 처형하고 관련자들을 일벌백계한 것은 유명한 일화다. 무역전쟁의 효과는 곧바로 나타났다. 이후 6년간 러시아 경제는 막대한 손실을 보았다. 두 나라의 교역액은 1762년 108만 루블에서 1766년 4만 4,000루블로 급락했다. 러시아는 어쩔 수 없이 청나라에 굴복하고 '캬흐타조약 보충조항'에 서명했다.

이 무역전쟁으로 10년간 평화가 유지되지만, 1778년 청나라와 러시아 사이에 두 번째 무역전쟁이 발발했다. 러시아 상인이 말을 밀수하다가 청나라 순찰병에게 발각되어 붙잡힌 일이 도화선이 되었다. 청나라는 이를 곧바로 통지하는데, 러시아는 오만한 태도로 범인의 심리를 거부했다. 그 와중에 수천 명의 사람이 변경을 넘어 러시아로 들어갔다는 소문이 돌았다. 이에 건륭제는 캬흐타의 무역소를 폐쇄하라고 명했다. 이번에는 러시아의 반응이 매우 빨랐다. 책임자를 경질하고 처벌하자 2년이 안 되어 무역소의 문이 다시 열렸다.

세 번째 무역전쟁은 1784년 일어났다. 몇몇 러시아 사람이 청나라에 잠입해 도둑질을 벌이며 시작되었다. 청나라는 러시아에 보충조항에 따라 범인들을 심리한 후 군중 앞에서 참수하고 그들이 훔친 재물의 열 배에 해당하는 벌금을 내라고 요구했다. 하지만 러시아가 이를 대충 처리해 청나라의 불만을 초래했다. 결국 건륭제가 러시아와의 무역을 중지하라고 명했다. 마지막 무역전쟁은 무려 8년간 계속되는데, 더는 경제적 손실을 감수할 수 없게 된 러시아가

**18세기 러시아의 농촌** 18세기 들어 러시아 경제는 비약적으로 발전했다. 표트르 1세는 중상주의 정책을 추진하며 특히 공업을 집중적으로 육성했다. 이런 러시아를 대황으로 제어할 수 있다고 생각한 청나라의 판단은 오만 그 자체였다.

청나라의 요구를 전적으로 수용하며 마무리되었다. 이에 두 나라는 러시아가 관리들의 조약위반과 각종 월경범죄를 엄격히 처리할 것을 보증하는 '캬흐타시약'에 서명했다.

세 번의 무역전쟁은 늘 청나라의 승리로 끝났다. 하지만 이는 석양의 마지막 한 줄기 빛에 불과했다. 이 무역전쟁들에서 청나라는 많은 문제를 노출했다.

무역전쟁 중 있었던 일화 하나를 예로 들어보자. 한번은 러시아가 약재인 대황大黃을 대량으로 수입했는데, 청나라는 그 이유를 잘 알지 못했다. 그저 러시아 사람은 장과 위가 좋지 않아 대황으로 독과 변을 제대로 배출하지 못하면 건강이 상한다는 소문만 무성했다. 청나라 조정은 이런 엉터리 소문을 믿고, 러시아의 전략물자를 손에 넣게 되었다고 좋아했다. 실제로 건륭제는 무역전쟁을 벌일 때마다 대황의 수출과 밀매를 엄금했다.

하지만 이는 오해였다. 러시아가 대황을 많이 수입한 건 순전히 경제적 이익 때문이었다. '병을 치료하는 약'으로는 전혀 생각하지 않았다. 당시 캬흐타에서 대황은 16킬로그램당 16루블에 거래되었다. 이를 상트페테르부르크까지 운반하면 30루블을, 다른 유럽 국가들에 수출하면 65루블을 더 붙일 수 있었다. 16루블에 사서 46루블, 81루블에 팔 수 있으니 이윤이 두 배 이상이었다. 이 단순한 원리를 파악하지 못한 청나라 조정은 대황으로 오랑캐를 제어한다는 생각에만 골똘했다. 심지어 국방전략을 세우며 총포보다 대황을 더 중요하게 생각하기까지 했다.

이러한 오판은 굉장히 위험하다. 만약 러시아가 대황보다 더 큰 이익을 얻을 수 있는 상품을 발견한다면, 그 순간 대황은 아무것도 아니게 된다. 똑같은 일이 훗날 차를 둘러싸고도 벌어진다. 바로 아편전쟁이다.

또 다른 일화도 있다. 캬흐타시약 1조의 내용은 이렇다.

"캬흐타의 무역은 중국에 이익이 없지만, 황제께서 널리 중생을 아끼어 차마 너희 나라 백성의 딱한 사정을 보고만 있을 수 없어 허락한다."

얼마나 오만한가. 당시 청나라는 유럽에서 이미 산업혁명이 시작되었고, 선진 과학기술이야말로 생산력의 원천이며, 국가의 실력이 무역전쟁의 승패를 좌우한다는 것을 전혀 모르고 있었다. 만약 청나라가 이를 빨리 깨달았다면, 아마 이후 100년간 진행된 몰락도 피할 수 있었을지 모른다.

•

## 아편을 팔아 은을 빼앗다

중국은 6세기경부터 차를 수출했는데, 처음에는 낙타에 실어 중앙아시아로 보냈다. 이후 몽골족이 유라시아를 관통하는 대제국 원나라를 건설하자 차는 더욱 빠르게 아라비아반도와 인도로 전파되었다. 청나라에 이르면 차는 바다를 건너 수많은 나라로 퍼져나갔다.

일찍이 차무역을 둘러싸고 수많은 무역전쟁, 외교분쟁이 일어났고, 심지어는 전쟁으로 확대되기도 했다. 16세기 네덜란드와 포르투갈의 무역전쟁, 영국과 프랑스의 외교분쟁이 대표적인 예다. 여기서는 청나라와 영국의 무역전쟁에 초점을 맞추고자 한다.

영국인의 차 사랑은 매우 유명하다. 차는 원래 어지럼증, 빈혈, 위통을 치료하는 약으로 유럽에 소개되었다. 그런데 영국 황실의 사치품으로 자리 잡으며 영국 전역에서 유행하기 시작했다. 17세기가 되면 왕부터 평민까지 차를 마시는 것이 일상이 되었다. 18세기에는 한 사람당 1년에 500그램 이상의 차를 소비했다. "오후 네 시 종이 울리면 모든 사람이 차를 마시려고 하던 일을 멈춘다"라는 이야기가 나돌 정도로 영국인의 차에 대한 탐닉은 대단했다.

1720년대 이전 영국의 차 수입량은 연간 600톤이 채 안 되는데, 이후 몇십 년간 급속도로 증가해 1,200톤에 이르렀다. 영국의 전체 수입액 중 92퍼센트를 차지한 적도 있었다. 당시 영국에서 차는 다른 나라들보다 훨씬 비싸게 팔렸고, 그만큼 이윤도 컸다. 영국의 차 무역은 영국 동인도회사가 독점하다시피 했는데, 다른 경로로 차를 들여오면 최고 127.5퍼센트의 수입관세를 부과했다.

1760년대에도 영국과 청나라의 무역은 계속 확대되었다. 하지만 매우 불균형적이었다. 청나라는 전 세계에 매년 1만 800톤의 차를 수출했는데, 유럽 국가들에서 수입한 대포, 시계 등의 가치는 그 10분의 1도 되지 않았다. 당시 청나라로 향하는 상선은 차를 사기 위한 은으로 가득했다.

결국 유럽 국가들은 은이 심각할 정도로 부족해져 종종 금융위기를 겪을 정도였다. 이에 영국에서는 '차 반대주의자'가 나타나 차를 마시지 말자고 부르짖었다. 이들은 대량의 은을 쏟아부어 차를 사는 것은 국가적 재앙이라고 생각했다.

"대량의 은을 동양의 사치스러운 차를 수입하는 데 쓰는 것은 백해무익하다. 그럴 돈으로 도로를 고치고 농장이나 과수원을 만들 수 있다. 농민의 초가집을 궁전으로 바꿀 수 있다. 차를 마시는 것은 몸에 해로울 뿐 아니라 경제에도 해롭고, 나라를 망하게 할 위험이 있다."

"거리의 거지들도 차를 마신다. 노동자도 일하면서 차를 마시고, 석탄을 나르는 인부도 운반차에 앉아 차를 마시고, 밭에서 일하는 농부도 차를 마신다. 먹을 빵도 없는 사람들이 차를 마신다."

이런 상황에서 영국은 대對청 수출을 늘려 무역격차를 줄이고자 했다. 이를 위해 1792년 건륭제의 생일을 축하하러 간 사절단의 단장 조지 매카트니George Macartney가 무역항을 늘리고 관세를 내려달라고 정식으로 요청했다. 당시 사절단이 가져간 선물은 군함 모형, 망원경, 기관총, 자명종, 유리등, 지구의, 천체의, 악기, 열기구, 곡사포 등으로 유럽 문명의 정수를 망라했다. 하지만 건륭제는 "천조는 물산이 풍부해 없는 것이 없다. 애초에 외국 오랑캐의 물자를 빌릴 필요가 없다"라고 하며 선물에 흥미를 보이지 않았다. 또한 사절단의 태도가 공경스럽지 않다는 이유로 요청을 거절했다. 역사적 관점에서 보면 이는 중국에 통탄할 일이다. 산업혁명의 큰 물결에 합류할 기회였기 때문이다.

건륭제가 거절했다고 영국이 포기할 리 없었다. 그들은 무역격차를 줄일 다른 방법을 찾기 시작했다. 그래서 생각해낸 방법이 바로 삼각무역을 활용한 아편수출이었다. 먼저 인도에 방직물을 수출해 아편과 바꾸었다. 그리고 이를 다시 청나라에 수출해 은과 바꾸었고, 이 은으로 차를 사 유럽에서 판매했다. 이 방법으로 1820년 드디어 무역격차를 해소했다. 이후 청나라로 보내는 아편은 2,000상

**아편굴** 청나라 말기의 사진이다. 아편전쟁이 청나라에 남긴 상흔은 너무나 깊었다. 아편전쟁을 경험한 영국인이 자국 정부의 죄상을 낱낱이 기록한 책을 출간할 정도였다.


자에서 4만 상자로 늘어났다. 흠차欽差 대신 임칙서林則徐가 아편을 금지했을 당시 청나라에 수입된 아편의 가치는 은 2억 4,000만 냥에 달했다.

대량의 아편이 반입됨에 따라 청나라는 난장판이 되었다. 남녀노소, 사농공상을 가리지 않고 수많은 사람이 아편을 피우는 악습에 오염되었다. 몸이 망가지고 정신이 마비되는 것뿐 아니라 은이 해외로 유출되어 부족해진 탓에 그 가치가 너무 높아졌다. 19세기 초은 한 냥은 동전 1,000문의 가치가 있었는데, 아편전쟁 전후가 되면 1,600문까지 치솟는다. 이렇게 청나라 경제는 심각한 혼란에 빠지게 되었다.

문제의 심각성을 의식한 도광제道光帝가 아편수입을 금지했다. 예상과 달리 영국은 협력을 거부했다. 진노한 도광제는 "얼마 되지 않은 세은稅銀을 어찌 따지겠는가?"라며 영국과의 무역을 끝내기로 했다. 그간 차의 생산국으로서 청나라는 무역전쟁에서 대개 기선을 제압했다. 청나라는 이번에도 그렇게 되리라 예상했으나 오산이었다. 영국은 청나라와의 차무역에서 본토 세수의 10분의 1에 해당하는 300만 파운드를, 아편무역에서 인도 식민지 세수의 10분의 1에 해당하는 200만 파운드를 거둬들였다. 영국이 이런 거액을 어찌 놓치려 하겠는가. 1840년 영국은 군함을 보내 청나라를 침략했다. 견고한 군함과 막강한 대포로 무장한 영국에 청나라는 항복할 수밖에 없었고, 그 대가로 홍콩을 할양하고 배상금을 지급했다. 이 사건이 굴욕적인 중국 근대사의 발단이 된 아편전쟁이다.

상황은 계속해서 나빠졌다. 1848년 영국의 한 식물학자가 중국에서 찾아낸 우수한 품종의 차를 인도와 스리랑카로 옮겨 재배하는 데 성공한 것이다. 이로써 차무역에서 중국이 누린 독점적 지위는 힘을 잃게 되었다. 심지어 중국의 차가 하등품으로 여겨지기도 했다. 1894년이 되자 중국의 차는 영국 차시장에서 겨우 24퍼센트만을 점할 뿐이었다.

∶

## '중국인 배척법'의 어두운 역사

청나라는 오랫동안 폐관쇄국을 고수했다. 해외로는 허가받지 않은 물건은 물론이고 《대청율례大淸律例》에 기록되어 있듯 사람이 나가는 것도 금지했다. 아편전쟁 후 서구 열강은 청나라를 압박해 시장 개방 외에 또 하나의 중요한 성과를 얻었는데, 중국인이 해외로 나갈 수 있게 한 것이다. 노예무역이 금지되면서 부족해진 노동력을 중국인으로 보충하기 위해서였다. 특히 경제가 급속히 발전하던 미국이 수많은 중국인을 끌어들였다. 하지만 이후 미국은 여러 차례 법안을 개정해 중국인을 배척하기 시작했다. 이는 1905년 벌어진 '미국 제품 불매운동'의 기폭제가 되었다.

중국인은 처음 미국에 들어갔을 때만 해도 열렬하게 환영받았다. 당시 미국은 '골드러시'로 노동력이 매우 부족했기 때문이다. 이로써 수많은 중국인이 '서부 대개발'에 투입되었다. 골드러시가 끝나자 10만 명의 중국인은 벌채, 농업, 축산업, 식당이나 세탁소 등에서 단순 노무자로 일하게 되는데, 상당수가 대륙횡단철도를 까는 일에 흘러들었다. 미국을 동서로 가로지르는 '센트럴 퍼시픽 철도Central Pacific Railroad'는 공사의 90퍼센트를 1만 명 이상의 중국인이 담당했다. 해당 철도가 지나는 도너Donner호수 근처의 터널을 뚫기 위해 역시 수많은 중국인이 괭이, 삽, 망치, 지렛대를 들고 장장 9개월이나 분전했다. 어느 영국 신문사가 산업혁명 이래 7대 기적 중 하나로 평가한 대륙횡단철도가 완공되었을 때, 공사를 총지휘한 찰스 크로커Charles Crocker는 이렇게 말했다.

"이 철도가 예정대로 완공될 수 있었던 것은 상당 부분 가난하고 멸시받던 중국인들 덕분이다. 그들이 보여준 충성심과 근면

함에 공이 돌아가야 한다."

이렇게 1882년까지 적어도 30만 명의 중국인이 미국 경제발전에 크게 공헌했다.

문제는 대륙횡단철도가 완공되고 난 후 경기가 급속도로 나빠졌다는 것이다. 이때 많은 실업자가 발생하는데, 중국인이 주로 희생양이 되었다. 미국의 인종주의자, 유럽에서 온 이민자 등 일단의 백인이 나서서 중국인이 밥그릇을 뺏어간다고 공격했다. 이로써 서부를 중심으로 중국인을 배척하는 풍조가 생겨났다. 캘리포니아는 1852년 '외국광부영업허가세법'을 만들어 외국인 노동자에게 세금을 거둬들이고, 1854년 중국인은 법정에 증인으로 서지 못한다고 공포했다. 샌프란시스코는 1870년 12월 길거리에서 대나무 바구니를 메고 왕래하는 것을 불허, 위반 시 벌금 5원을 부과하고, 1876년 중국인을 대상으로 한 '세탁소법'을 만들어 마차를 사용하지 않고 화물을 운송하는 사람은 분기마다 15원의 세금을 내게 했다. 이어 미국 의회는 1882년 '중국인 배척법Chinese Exclusion Act'••을 통과시켜 본격적으로 중국인을 박해했다. 이는 미국 역사상 유일하게 한 민족을 겨냥해 배척한 법이다. 중국인을 배척하는 풍

---

•• 정식 명칭은 '중국인과 관련된 조약의 제 규정에 관한 법률'이다. 주요 내용은 중국인의 입국을 10년간 금지하고, 미국에 거주하고 있더라도 증명서가 없으면 추방하며, 중국인의 미국 국적 취득을 불허한다는 것이다.

THE ONLY ONE BARRED OUT.

ENLIGHTENED AMERICAN STATESMAN.—"We must draw the line *somewhere*, you know."

**배척당한 중국인**  중국인 배척법을 다룬 만평이다. "공산주의자, 사회주의자, 깡패는 환영해도 중국인은 안 된다"라거나 "우리는 어딘가에서 선을 그어야 한다"라는 문구가 눈에 띈다.

조는 백인의 표를 의식한 공화당과 민주당이 모두 동조하며 일파만파로 퍼져나갔다. 실제로 미국 의회는 1902년 중국인 배척법의 효력을 10년 연장하고, 1904년 다시 한번 효력을 확인했다. 이 법은 1943년 제2차 세계대전이 터지고 중국이 일본에 대항해 연합국으로 참전해서야 비로소 폐지되었다.

미국에 거주하는 중국인은 크나큰 시련을 겪었다. 중국인에게 폭력을 가하는 일이 빈번하게 발생했다. 1885년 와이오밍에서는 '록스프링스학살'이 벌어진다. 이 사건으로 중국인 광부 스물여덟 명이 죽고 열다섯 명이 크게 다쳤다. 또한 그들이 살던 가옥 일흔다섯 채가 불타거나 약탈당해 그 참상이 이루 말할 수 없었다.

1903년 견문을 넓히기 위해 미국을 방문한 량치차오梁啓超는 중국인의 비참한 생활상을 목격하고 다음 해 출판한《신대륙 여행기》에서 그 상황을 자세히 묘사했다. 그러면서 하와이에서 기자로 일하던 천이칸陳儀侃이 구상한 미국 제품 불매운동을 소개했다.

1904년 말 청나라가 서명한 불평등조약 '미국을 방문하는 중국인 노동자 제한 조약'의 시효가 끝나자 미국과 중국의 모든 중국인이 들고일어나 조약의 폐기를 강력히 요구했다. 이에 청나라가 정식으로 조약의 수정을 요구했으나, 미국은 별다른 이유 없이 연장을 고집했다. 결국 중국인의 분노가 폭발했다.

1905년 5월 광저우의 상인들이 시중에서 유통되는 미국 제품들을 일목요연하게 정리해 알리며 불매운동에 나서줄 것을 호소했다. 광둥廣東 출신 화교 평샤웨이馮夏威가 조약을 폐기하라며 상하이 미국 대사관 앞에서 장렬하게 자결하자, 광둥 각지에서 추모회가 열리면서 미국 제품 불매운동이 상하이와 톈진天津으로 신속하게 퍼져나갔다. 특히 상하이의 상인들은 미국 제품을 취급하지 않기로 합의했다. 상하이총상회는 회의를 소집해 미국 제품 불매운동을 결의하고 다섯 가지 방법을 제안했다.

· 미국 제품 사지 않고 미국 선박 타지 않는다.

· 미국 선박에 선적하지 않는다.

· 미국 학당에 들어가지 않는다.

· 미국 사람을 위해 만든 양행洋行에서 일하지 않는다.

· 미국 사람에게 고용되지 않는다.

　상하이총상회는 미국과 무역하던 항구도시 스물두 곳에도 미국 제품 불매운동에 동참할 것을 호소했다. 이러한 호소는 큰 호응을 끌어냈다. 뜻을 함께한 도시만 스무 곳 가까이 되고, 공업과 상업에 종사하던 노동자부터 학생과 부녀자에 이르기까지 수많은 중국인이 동참하며, 미국 제품 불매운동은 전방위적으로 확산되었다.

　해외의 화교들도 미국 제품 불매운동에 열렬히 호응했다. 말레이시아의 피낭Pinang과 쿠알라룸푸르, 태국의 방콕, 미얀마의 양곤, 인도의 캘커타와 뭄바이 등에서 지지를 표하는 전보가 쏟아졌다. 싱가포르, 베트남의 하이퐁Hải Phòng, 샌프란시스코, 시드니 등에서는 후원금을 보내기도 했다. 쑨원孫文은 하와이에서 발행되던《대동일보大同日報》에 미국 제품 불매운동의 사상을 적극적으로 옹호하는 글을 게재했다. 이처럼 미국 제품 불매운동은 민간의 자발적 참여에 힘입어 활발하게 진행되었다.

　이는 전 세계 사람들이 중국을 다시 보는 계기가 되었다. 미국 공사 윌리엄 록힐William Rockhill은 대통령 시어도어 루스벨트Theodore Roosevelt에게 전보를 보내, 미국 제품 불매운동을 재평가해야 한다고 청했다. 그는 중국에서 새로운 민족주의 정신이 굴기하고 있다고 보았다. 중국과 중요한 경제적 이해관계가 얽혀 있던 해리먼재단 록펠러재단, 모건재단 등도 행정권을 동원해 미국 내 중국인의 대우를 개선하도록 루스벨트에게 로비했다.

루스벨트는 인종주의적 편견이 있었다. 그는 중국인이 미개하다고 여겨, "(중국인의) 무법행위는 응당 처벌해야 한다"라고 공공연히 주장했다. 바로 이때 광둥에서 미국인 선교사 다섯 명이 피살당하는 사건이 발생했다. 미국 군함이 이를 빌미로 광저우에 쳐들어갈 준비를 하고 있는데, 때마침 생환한 선교사 가족들이 이 사건은 미국 제품 불매운동과 무관하다는 것을 증명했다. 한숨 돌리려는 찰나 이번에는 청나라 조정이 제동을 걸었다. 미국 제품 불매운동이 통제되지 않을 정도로 커지자 강력하게 간여하기 시작한 것이다. 결국 1년간 활발하게 타오른 미국 제품 불매운동의 열기가 점차 사그라들기 시작했다.

경제적 관점에서 보면 미국 제품 불매운동이 벌어진 기간에 미국과 중국의 무역량은 40퍼센트 감소하고, 중국의 공업생산량은 어느 정도 향상되었다. 하지만 당시 미국의 대외무역 중 중국과의 무역이 차지하는 비율은 2퍼센트에 불과했고, 미국의 대외투자 중 중국에 투자한 비율도 3퍼센트로 매우 미미했다. 따라서 미국 제품 불매운동이 미국 경제에 큰 영향을 미쳤다고는 할 수 없다.

다만 정치적인 관점에서 미국과 서구 열강을 놀라게 했음은 분명하다. 미국은 비록 중국인 배척법을 폐지하지는 않았지만, 차별을 완화할 몇 가지 조치를 취했다. 우선 '미국을 방문하는 중국인 노동자 제한 조약'의 연장을 더는 요구하지 않고, 중국인을 미국에서 추방하지도 않았다. 루스벨트는 중국인 배척법을 집행하는 과정에서 직권남용을 엄격히 금하고, 유학생, 상인, 여행객의 합법적 권리를

철저하게 보호하도록 했다. 이 외에도 의화단의 난으로 청나라가
미국에 물어줘야 할 배상금 일부를 제해주는 등 관계를 개선하기
위해 노력했다.

무역전쟁의 역사에서 불매운동은 쉽게 찾아볼 수 있다. 미국도
영국, 독일, 러시아, 일본, 중국 제품을 사지 말자고 호소한 적이 있
다. 20세기 말 아시아 금융위기 때 한국은 대규모 일본 제품 불매운
동을 벌였는데, 학생들이 직접 나서 일본산 필기구를 버리기도 했
다. 세계화의 흐름에서 국가 간 마찰은 피할 수 없는 일이다. 그럴 때
경제민족주의, 보호무역주의가 두드러진다. 외국 제품 불매운동이
완전히 사라지기 어려운 이유다.

# 4

# 대공황에 정점을 찍은
# 관세전쟁

—

스무트-홀리 관세법은 이 법을 제안한 미국 국회의원 리드 스무트Reed Smoot
와 윌리스 홀리Willis Hawley에게서 이름을 땄다. 수입관세를 대폭 올림으로써
1929년 시작된 대공황을 벗어나고자 한 법이다. 이 법이 통과되자 각국의 항
의가 이어졌고, 많은 국가가 보복성 수입관세를 부과해 미국의 대외무역이 66
퍼센트나 줄게 된다. 관련 기업이 줄줄이 도산하고 실업자가 증가하면서 미국
경제는 심각한 타격을 입고, 결국 대공황을 맞이하게 되었다.

—

:

## 위기가 폭발하다

1929년 대공황의 조짐이 나타나자 스무트와 홀리는 무역전쟁을
계획한다. 즉 위기를 다른 나라에 전가하려 한 것이다. 미국에서 대
공황이 발생했을 당시 대통령은 허버트 후버Herbert Hoover였다.

대통령이 되자마자 대공황에 직면한 그는 잘못된 대응으로 웃음거리가 되었다.

앞서 이야기했듯이 1920년대 미국은 전성기를 구가하고 있었다. 거리는 자동차로 가득했는데, 계약금으로 1달러만 내면 누구나 살 수 있었기 때문이다. 사람들은 땅과 주식을 사느라 여념이 없고, 신문은 하룻밤 사이에 벼락부자가 된 이야기를 끊임없이 퍼 날랐다. 노동자의 임금은 갈수록 오르고, 여성의 치마는 갈수록 짧아졌다. 향락주의와 오락적 도덕관fun morality이 미국을 뒤덮었다. 저금리정책으로 인프라가 확충되어 도시화가 처음으로 50퍼센트를 넘어섰다. 개인소득세도 매우 낮아져 사람들은 자동차나 라디오 같은 사치품을 마음껏 샀다. 다우존스는 1921년 6월 60포인트였던 것이 1929년 9월 376포인트로 다섯 배 넘게 상승했다.

1929년 후버는 대통령에 취임하며 "모든 냄비에는 닭고기를, 모든 차고에는 자가용을[A chicken in every pot, a car in every garage]"이라고 선언했다. 미국에서 가난을 없애겠다고 맹세한 것이다. 이에 평범한 미국인들은 들뜬 기분이 되었다. 하지만 누구도 화려함의 종점을 이미 지났다는 것을 깨닫지 못했다. 오래지 않아 모든 것이 물거품처럼 꺼져버렸다.

1929년 10월 24일 증시가 폭락하며 투매광풍이 불었다. '검은화요일'로 불리는 10월 29일 증시가 철저하게 붕괴했다. 지난 10년간 오르기만 했던 주가는 끝없이 추락했고, 주식은 휴짓조각이 되었다. 한 석탄회사의 사장은 충격을 이기지 못하고 심장마비로 쓰

**대공황의 풍경** 대공황이 터지자 순식간에 200만 명이 거리로 내몰렸다. '괜찮은 직장(decent job)'을 구하기는 하늘의 별 따기로, 어떤 이는 일자리를 찾아 1,500킬로미터를 떠돌았고, 또 다른 이는 소방관을 추가로 모집하게 할 요량으로 방화를 저질렀다.

러져 죽었다. 부자가 하루아침에 빈자가 되었다. 상황을 받아들이지 못하고 자살을 택하는 이도 많았다. 중고차시장에는 고급 자동차들이 헐값에 매물로 나왔다. 당시 미국인들은 얼마나 큰 손실을 보았을까. 검은 화요일 이후 열흘간 사라진 부가 300억 달러에 달하는데, 이는 미국이 제1차 세계대전을 치르며 지출한 모든 비용보다 많았다.

곧이어 경제가 본격적으로 위축되기 시작했다. 1929년부터 1932년까지 철강생산량은 80퍼센트, 자동차판매량은 95퍼센트 줄어들었다. 최소 13만 개의 기업이 도산하고, 노동자의 4분의 1이 직장을 잃었다. 사람들은 미친 듯이 후버를 욕하고 비웃었다. 수많은 실업자가 원래 살던 집을 잃고 판지나 목판으로 엉성하게 지은 집에 살며 유랑했는데, 이들이 모인 곳과 사용하는 밥그릇, 덮고 자는 신문을 '후버마을', '후버그릇', '후버담요'라 부르며 조롱했다. 실업자들은 기름 살 돈이 없어 자동차에 가축을 매어 끌게 했는데, 이를 '후버차'라 부르기도 했다. 뉴욕에서는 이런 동요가 유행했다.

"멜런*이 기적을 울리고, 후버는 종을 친다. 월가가 신호를 보내면 미국은 지옥으로 돌진한다!"

대공황은 후버가 재임한 4년 중 3년 반이나 계속되었다. 그도 여러 가지 해결책을 내놓았으나 오히려 상황을 꼬이게 했다. 그가 서명한 스무트-홀리 관세법은 다른 국가와 무역전쟁을 벌여 위기를 해결하려는 것이었으나, 오히려 미국 경제와 세계 경제를 더 깊은 심연으로 빠져들게 했다.

．
．

## 불난 집에 부채질한 '스무트-홀리 관세법'

대공황이 발생하자 미국은 국제무역에 비난을 쏟아냈다. 외국 상품이 대량으로 쏟아져 들어와 공급과잉을 유발했다는 것이다. 상품이 많으면 가격이 낮아지고, 당연히 이윤이 줄어 공장은 문을 닫을 수

---

• 당시 재무부 장관이었던 앤드루 멜런(Andrew Mellon)을 가리킨다. 자유방임주의를 신봉한 그는 경제가 스스로 나아질 것으로 보았다. "오늘 입은 피해를 구제할 어떤 비결이 있다고 믿지 않는다. 우리 제도가 본질적으로 잘못된 점이 있다고 믿지 않는다."

밖에 없다. 이는 곧 실업자의 증가로 이어진다. 이런 논리로 홀리와 스무트가 새로운 관세법을 제출했다.

스무트라는 사람을 좀더 자세히 알아보자. 그러면 스무트-홀리 관세법을 더 잘 이해할 수 있을 것이다. 그는 경건한 모르몬교 신도로 미국을 외부의 독소에서 지켜낸다는 소명을 품고 있었다. 또한 국회의원이 되기 전에는 기업을 운영한 아마추어 경제학자였다. 그는 대공황을 아주 간단하게 이해했다. 시장에서 판매되는 상품의 양이 미국인의 구매능력을 초과해 대공황이 발생했고, 따라서 외국 상품을 쫓아내면 된다는 것이었다.

이런 생각으로 스무트는 홀리와 함께 관세법을 제출했다. 그는 이 법으로 실업문제를 해결할 수 있다고 공언했다. 하지만 스무트-홀리 관세법은 문제를 외국에 전가하는 불공정한 법으로 그것이 초래할 결과는 누가 봐도 명약관화했다.

관세법의 자세한 내용은 주로 홀리가 채웠다. 그는 미국 전역을 돌며 농장주와 상공업자를 만나 1만여 쪽에 달하는 증언을 수집하고, 이를 바탕으로 상품 845종(주로 농산물)의 수입관세는 인상하고, 85종(주로 공산품)의 수입관세는 인하하는 방향으로 내용을 꾸몄다. 이렇게 완성된 스무트-홀리 관세법은 하원을 통과한 후 상원에 제출되었으나 생각보다 반발이 심해 내용을 수정해야 했다. 스무트의 주도로 수입관세를 높이는 상품은 177종으로 줄이고, 낮추는 상품은 254종으로 늘린 다음, 오랜 토론 끝에 1930년 3월 표결에 부쳐 44 대 42로 힘겹게 통과시켰다.

**스무트(왼쪽)와 홀리**  법안이 통과되도록 여론을 모아달라고 호소하는 모습이다. 스무트–홀리 관세법은 공산품의 수입관세를 더 올려야 한다는 산업계의 반발을 반영했다. 이로써 국제무역에 죽음의 장벽이 높게 쌓였다.

반발의 중심에 산업계가 있었다. 그들은 적극적인 로비로 공산품의 수입관세를 올릴 것을 요구했다. 결국 스무트–홀리 관세법은 각계의 요구를 종합해 수입품의 관세율을 평균 40퍼센트에서 48퍼센트까지 올리는데, 이는 총수입품의 60퍼센트에 해당하는 3,200종의 관세를 올린 결과다. 국제무역에 높다란 죽음의 장벽을 쌓은 셈이다.

이에 견해를 달리한 경제학자 1,028명과 몇몇 명망 있는 기업가가 후버에게 서신을 보내 거부권을 행사하라고 호소했다. 하지만 후버는, 본인 스스로 "아주 악독하게 남을 등치는 구역질 나는 법"이라고 생각하면서도, 결국 서명했다.

1930년 6월 17일 드디어 스무트-홀리 관세법이 정식으로 시행되었다. 수입품 1,125종의 관세율이 수정되었는데, 그중 890종이 인상되었고, 59종은 면세에서 징세로 바뀌었다. 수입농산물의 평균관세율은 38.1퍼센트에서 48.9퍼센트로 올랐고, 다른 수입품의 평균관세율도 31퍼센트에서 34.3퍼센트로 올랐다. 이후 전체 수입품의 평균관세율은 57.3퍼센트까지 치솟는데, 1년 만에 네 배나 높아진 것으로 미국 건국 이래 가장 높은 수준이었다.

대공황이 전 세계로 퍼져나가는 순간 미국이 관세를 대폭 인상하자 결국 대규모 무역전쟁이 벌어졌다. 훗날 스무트-홀리 관세법은 '20세기 미국 의회가 통과시킨 가장 우매한 법'으로 불리게 되었다.

∴

## 세계 경제가 멈추다

스무트-홀리 관세법의 효과는 금방 나타났다. 전 세계 대부분의 선박이 운항을 멈추고, 철강업부터 어업, 농업, 제조업에 이르기까지 모든 산업이 영향받았다.

특히 유럽 국가들이 격렬히 반발했다. 34개 국가가 정식으로 항의를 표명하고 서신을 보내지만, 미국은 아랑곳하지 않았다. 결국 피해를 본 나라들은 '눈에는 눈, 이에는 이' 방식의 보복을 전개할 수밖에 없었다. 이로써 전에 없던 규모의 무역전쟁이 시작되었다. 캐나다가 가장 먼저 미국산 수입품의 30퍼센트에 대해 관세를 올렸다. 독일과 영국도 미국산 수입품의 평균관세율을 1930년 10퍼센트 내외에서 1932년 25퍼센트까지 올랐다. 각국은 새로운 시장을 찾거나 자국 제조업을 발전시켜 미국산 수입품을 대체했다.

높아지는 관세장벽은 미국산 수입품에 한정되지 않았다. 전 세계적으로 모든 수입품의 평균관세율이 점차 높아지는데, 1931년이 되자 1929년보다 100퍼센트 가까이 올랐다. 특히 자국의 농산물을 보호한다는 취지로 프랑스는 밀의 수입관세를 200퍼센트, 독일은 쌀과 보리의 수입관세를 300퍼센트 올렸다. 나라마다 자국의 산업을 보호하기 위해 관세장벽을 점점 높이 세우는 치킨게임이 시작되면서 당연히 국제무역은 한순간에 정체되고 말았다.

이 무역전쟁은 국제정치에도 영향을 미쳤다. 캐나다는 영국과 더 긴밀한 관계를 도모하고, 프랑스와 영국은 미국과의 관계에 불안감을 느끼기 시작했다. 독일은 자급자족이 가능한 경제시스템을 만드는 데 주력했다.

그러면 스무트-홀리 관세법의 시행 이후 미국은 어떻게 되었을까. 먼저 대내적으로는 경제가 되살아나지 못했다. 통화는 여전히 부족하고, 실업률은 계속 올라만 갔다. 대외적으로는 수출길이 막혔다. 미국뿐 아니라 다른 국가들도 수입관세를 높였기 때문이다. 이로써 스무트-홀리 관세법의 무용성이 증명되었다. 미국을 포함한 모든 국가에 도움 되지 않은 것이다. 가장 안타까운 점은 이 무역전쟁으로 국가와 국가 사이에 본래 취약한 상호신뢰와 협력의 분위기가 깨졌다는 것이다. 이는 제2차 세계대전의 해상봉쇄와 잠수함전으로 이어진다.

**배급받는 영국인들**　제2차 세계대전 동안 독일이 잠수함전을 펼치자, 영국 정부는 배급제도를 시행했다. 육류, 버터와 마가린, 베이컨과 햄, 식용유, 설탕 등 다섯 종류의 식품을 배급하는데, 전쟁 기간 중 태어난 아이들은 종전 전까지 바나나를 보지 못했다.

　상황이 이렇게 심각해지는데도, 미국은 후환을 생각하지 않고 눈 앞의 위급함만을 면하는 데 골몰했다. 1931년 말과 1932년 초 각각 공산품과 농산물의 수입관세를 10퍼센트에서 100퍼센트로 높이는 법을 공포했던 것이다. 이에 유럽 국가들이 또다시 항의하며 역시 수입관세를 높임으로써 무역전쟁은 절정에 이르렀다.

　미국의 대유럽 수입액은 1929년 13.34억 달러에서 1932년 3.9억 달러로, 수출액은 1929년 23.41억 달러에서 1932년 7.84억 달러로 줄었다. 1934년이 되면 전 세계의 무역량은 4년 전보다 60퍼센트 이상 주는데, 실제로 독일, 영국, 프랑스, 이탈리아 등의 수출 증가율은 1930년부터 모두 마이너스를 기록했다. 이렇게 자본주의 세계는 전면적인 대공황에 휘말리게 되었다.

1933년 초가 되자 미국의 금융시스템은 완전히 마비되어버렸다. 후버의 이미지는 더는 손쓸 수 없을 정도로 엉망이어서 같은 해 3월 프랭클린 루스벨트Franklin Roosevelt는 큰 어려움 없이 대통령에 취임했다. 이로써 미국의 무역정책은 중대한 전환점을 맞았다. 루스벨트는 수입관세를 높여 국제무역을 위축시킨 바람에 전 세계적인 대공황이 발생했다고 보았다. 1934년 미국은 '호혜무역협정법'을 공포했다.

이 법은 스무트-홀리 관세법을 수정한 것으로 어느 정도 시장을 개방하고, 대통령에게 관세협정의 권리를 부여했다. 이후 미국 대내적으로는 수입품에 대한 평균관세율과 평균세율이 점차 내려가고, 대외적으로는 전 세계적으로 보호무역의 정도가 완화되기 시작했다. 1934년부터 1945년까지 미국은 30여 개국과 자유무역협정을 체결했다. 자유무역은 경제성장을 자극하고, 낮은 수입관세는 국가를 번영하게 한다는 게 당시의 주요한 관점이었다. 실제로 1933년부터 1935년까지 미국의 국민총생산Gross National Product, GDP은 396억 달러에서 568억 달러로 크게 올랐다. 다시 공장이 문을 열고, 시장이 번영하고, 은행의 신용도가 올라가고, 차와 선박이 승객과 화물을 옮기느라 분주히 움직였다.

스무트-홀리 관세법에 관한 경제학자들의 평가는 일치한다. 세계 경제에 타격을 가하고, 나아가 미국과 유럽의 대공황을 심화했다는 것이다. 이 법이 국제무역에 초래한 혼란은 수십 년이 지난 후에야 사라졌다.

# 5
# 은본위제를
# 포기할 수밖에 없었던 중국

—

1927년 국민당의 난징국민정부 수립 후 중국의 금융시스템은 점차 개선되나 여전히 은본위제를 유지했다. 그러면서 중국 경제가 점차 전 세계적인 경제시스템에 편입됨에 따라 은의 가격파동에 더 크게 영향받게 되었다. 1929년 대공황이 발생하자 미국은 위기를 전가하기 위해 '은구매법'을 공포해 인위적으로 은가격을 올렸다. 이로써 대량의 은이 빠져나간 중국은 디플레이션으로 심각한 경제위기를 겪었다. 이에 1935년 난징국민정부는 어쩔 수 없이 화폐개혁을 실시해 은본위제의 오랜 역사에 마침표를 찍었다.

—

⋮

## '황금 10년'이 앞당긴 위기

중국은 전통적으로 은본위제 국가였다. 청나라가 멸망한 후에도 여전히 은을 본위화폐로 삼았다. 실제로 신해혁명 이후 1913년 '국폐

조례國幣條例'를 공포해 은원銀圓을 중국의 화폐 단위로 삼았다. 하지만 민간에서는 은원과 은량銀兩을 함께 사용하고, 몇몇 지역에서는 동폐銅幣와 지폐가 유통되기도 했다. 이처럼 혼란스러운 화폐제도는 교역과 무역의 발전을 저해할 뿐 아니라 군벌들이 할거하기에 좋은 조건이 되었다. 1930년대 이르러 난징국민정부는 이런 상황을 끝내기 위해 화폐의 통일을 시도했다.

1933년 3월 8일 난징국민정부는 '은본위화폐 주조조례'를 공포해 은본위화폐의 명칭을 '원圓, 元'으로 정했다. 같은 해 4월에는 '폐량개원廢兩改圓(은량을 폐지하고 은원으로 바꿈)'을 알리고 전국적으로 통일된 은원을 발행했다. 당시 내린 훈령을 보면 이런 상황이 잘 드러난다.

"4월 6일부터 모든 정부 경비의 수납과 지출, 일체의 교역은 일률적으로 은폐(은원)로 바꿔 사용하고 더는 은량을 사용해서는 안 된다."

새로운 은원은 은 88퍼센트, 동 12퍼센트의 함량으로 주조하고, 은량 7전 1분 5리를 1원으로 환전했다. 이로써 수백 년 동안 사용해온 은량은 역사의 무대에서 사라졌다. 이전에 사용되던 통화의 종류를 크게 단순화하고, 규격, 중량, 함량을 통일한 새로운 은원이 화폐로 유통되었다. 폐량개원으로 중국의 화폐제도는 효과적으로 간소화되었다.

**새로 발행된 은원** 앞면에는 '중화민국23년(1934년)'이, 뒷면에는 '1원'이 새겨져 있다. 난징 국민정부는 1933년의 폐량개원을 계기로 문란한 화폐제도를 정비했다.

당시 중국은 '황금 10년'[*]을 보내고 있었다. 경제는 빠르게 성장해 공업이 초기 형태를 갖추고, 투자액이 신속하게 증가했다.

> "1927년 이래 칠팔 년간 신공업자본에 100만 원 넘게 투자한 내국인은 매우 드물고 귀했는데, 1935년 이후에는 (자본이) 100만 원이나 1,000만 원 되는 공장이 많이 생겨났다. 중앙기기창, 중국주정창, 영리공사 암모늄공장과 최근 건설 중인 공장들은 자본이 1,000만 원 정도다."

---

• '난징 10년', '10년 건설'이라고도 불린다. 1927년부터 1937년까지 난징국민정부가 집정한 10년 동안 공업생산액이 매년 평균 9퍼센트 증가했는데, 이는 동기간 일본의 세 배에 달하는 수치였다. 경제 외에도 정치, 인프라 건설, 문화, 교육, 변경민족 관리, 외교, 군정(軍情) 등 다양한 영역에서 실적을 쌓았다. 하지만 농촌은 굉장히 피폐했는데, 농민은 절대적 빈곤을 겪고, 사망률은 인도보다 높았다.

경제적 발전뿐 아니라 문화적 발전도 눈부셨다. 루쉰魯迅, 후스胡適, 첸중수錢鍾書, 화뤄경華羅庚 등이 이 시기에 두각을 드러냈다. 1935년 미국은 중국의 상황을 이렇게 평가했다.

> "중국의 모든 영역에서 거대한 변화가 일어나고 있다. 10년 전 심지어 5년 전과도 완전히 다르다. 현대화는 중국에 몇 세기에 걸쳐 큰 영향을 미칠 것이다."

겉으로 보면 형세는 아주 좋아 보였다. 하지만 좀더 자세히 들여다보면 곳곳에서 문제가 발생하고 있었다. 첫째, 국가 발전에 가장 중요한 철강제조업, 기계제조업이 발전하지 못해 수입에 의존하므로 이 과정에서 중개인들만 큰돈을 벌었다. 둘째, 공업에 투자되는 자본 대부분이 외국 자본이었고, 특히 일본 자본이 큰 비중을 차지했다. 셋째, 공업화와 도시화로 금융자본이 농촌까지 스며들어 실물지대地代가 화폐지대로 전환되었다. 즉 중국에서 농민은 전통적으로 수확 후에 그 양에 따라 세금을 냈는데, 황금 10년을 지나며 파종하기 전에 현금으로 지대를 내라는 지주의 요구에 시달리게 되었다. 이러한 변화는 농촌사회가 붕괴하고 수많은 농민이 파산하는 결과를 낳았다. 셋째, 대공황이다. 전 세계가 심각한 금융위기에 빠진 상황에서 중국 홀로 어떻게 황금기를 누릴 수 있겠는가.

1934년이 끝나갈 무렵 난징국민정부는 급속한 경제발전이라는 꿈에서 깨어나 생사가 걸린 금융위기에 빠져 있음을 깨닫는다. 은이 대량으로 빠져나가며 가장 먼저 은행, 전장錢莊(금융점포), 공업과 상업에 종사하는 기업이 도산했다. 중국 경제 전체가 무너지는 와중에 가장 피해를 본 곳은 농촌으로 완전히 쑥대밭이 되었다. 당시 기록이 이를 잘 보여준다.

> "산둥山東 동쪽의 비옥한 지역은 지가가 한 무畝당 100원이었는데, 이미 45원으로 떨어졌다. 산둥 서쪽과 남쪽의 척박한 지역은 한 무당 50원이었는데, 지금은 20원으로 떨어졌고 10원에 판다고 해도 사는 사람이 없다. 일반화된 농민의 파산과 고통은 실로 이전에는 없던 일이다."

이런 위기는 중국 국내가 아니라 외국에서 비롯된 것으로, 바로 미국의 은구매법이었다.

•

## 다시 한번 중국을 뒤흔든 은

1918년 제1차 세계대전이 끝난 후부터 1928년까지 10년간 미국은 유럽의 재건특수特需에 기대 부를 축적했다. 보통의 미국인들은 아무 걱정 없이 전기오븐, 세탁기 등 신기한 전자제품을 구매하며 일상의 행복을 누리고, 부자들은 그 어느 때보다 사치스럽고 호화롭게 살았다. 미국의 국력은 전에 없이 커졌다. 《위대한 개츠비》같은 소설을 읽으면 당시 미국인들의 화려한 삶을 간접적으로나마 경험해볼 수 있다. 하지만 유럽의 재건특수가 끝나가자 미국 경제에 거품의 징조들이 나타났다. 금융자본주의의 출현으로 대량의 주식을 보유한 소수가 수많은 회사를 장악했다. 은행은 증권시장으로 진출하고, 증권시장의 보증금제도는 과도한 신용거래를 만들어냈다. 이로써 자질을 검증받지 않은 수많은 신탁투자회사가 탄생하는데, 이들 회사는 훗날 미국인들의 저축을 몽땅 삼켜버렸다. 끊임없이 축적된 위기가 마침내 폭발하고 말았다. 1929년 10월 28일 미국 증시의 대폭락으로 대공황의 서막이 열렸다.

엎친 데 덮친 격으로 금본위제<sup>••</sup>가 대공황을 전 세계로 빠르게 퍼뜨렸다. 당시 중국은 은본위제여서 위기에 직접 노출되는 일은 피했지만, 잠재된 위험이 적지 않았다. 중국에서 생산되는 은의 양이 많지 않아 국제적으로 은가격이 요동치면 은원을 화폐로 사용하는 중국 경제도 부침을 겪을 수밖에 없었기 때문이다.

실제로 대공황이 일어나자 은가격은 폭락했다. 1928년 1온스당 58센트이던 것이 1930년 38센트로, 1932년 후반 25센트로 떨어졌다. 1933년 영국은 대공황에서 빠져나오고자 '런던 은협정'에 서명하고 금본위제에서 이탈했다. 그러자 미국은 위기를 전가하고 세계 금융시장을 계속 장악하기 위해 1934년 6월 은의 달러 가격을

---

•• 금 일정량의 가치와 화폐의 가치를 연계하는 제도다. 전간기(戰間期)에 60여 개국이 안정된 환율로 편리하게 무역과 금융거래를 할 수 있도록 금본위제를 채택했다. 큰 나라 중에는 중국과 멕시코가 여전히 은본위제를 유지했다.

높이는 은구매법을 통과시켰다. 곧바로 국제시장에서 은가격이 급격히 상승했다.

은가격의 상승은 중국 경제에 커다란 충격을 주었다. 중국 화폐, 즉 은원의 가치가 급격히 상승해 기존보다 세 배 많은 미국 달러로 바꿀 수 있게 되었다. 그만큼 구매력이 향상된 것으로, 수입품의 가격이 내려갔다. 하지만 동시에 중국산 수출품의 가격이 비싸져 국제시장에서의 경쟁력이 크게 떨어졌다. 결국 중국이 수출할 만한 상품은 은밖에 남지 않게 되었다.

은가격이 폭등하자 투기꾼과 모험가들이 재빠르게 중국으로 모여들었다. 그들은 은을 각종 선박에 실어 해외로 보냈다. 나중에는 군함까지 동원했다. 그렇게 빠져나간 은이 1934년에만 2억 5,600만 원에 달했다. 그중 7,900만 원이 8월 한 달간 유출되었다. 8월 21일에는 홍콩상하이은행이 상하이에서 1,500만 원의 은을 실어 영국으로 보내기도 했다. 문제의 심각성을 깨달은 난징국민정부가 은의 수출세와 평형세를 징수하고 밀거래를 철저하게 막지만, 그 효과가 미미했다. 1934년 4월부터 1935년 11월까지 중국이 보유한 은태환 준비액은 6억 200만 원에서 2억 8,800만 원으로 떨어졌다. 이는 사람들을 깜짝 놀라게 할 만한 숫자였다.

은본위제 국가인 중국은 심각한 후유증을 앓게 되었다. 첫째, 사람들이 은행에 몰려가 예금을 찾았다. 그러자 은행은 돈줄을 죄고 더는 대출해주지 않았다. 심지어 어떤 은행은 휴업을 선언하기도 했다. 둘째, 미국이 기회를 틈타 중국에 대량으로 덤핑해 수입품이

**스자오지(가운데)** 제1차 세계대전 이후 동아시아의 군비축소를 목적으로 1921년 열린 '워싱턴회담'에 참석한 모습이다. 이 회의에서 열강들은 일본을 압박하고자 중국에 많은 혜택을 보장하는데, 국제정세는 정말로 냉혹해 10여 년 후 은구매법이라는 폭탄으로 되돌아온다.

지나치게 많아졌다. 셋째, 통화가 부족해져 물가가 급락했다. 그러자 정상적으로 경영할 수 없게 된 많은 기업이 도산하면서 실업자가 대량으로 발생했다. 그렇게 중국 경제는 궤도를 완전히 벗어났다.

미국 은구매법의 원래 목적은 은본위제 국가의 구매력을 자극함으로써 잉여제품을 덤핑해 대공황을 이겨내려는 것이었다. 명백히 위기를 전가하려는 시도였다. 1934년 9월 22일 주미공사 스자오지施肇基는 미국 국무부에 이런 내용의 각서를 보냈다.

> "근래 중국에서 은이 대량 유출되어 사람들을 충격에 빠뜨렸다. 고로 미국 정부가 중국에서 은이 계속 유출되게 하는 행동을 취하지 않는다는 것을 보증하고, 중국과 협력해 은가격의 폭등을 제지하는 데 노력하자."

난징국민정부의 재정부장 쿵샹시孔祥熙 또한 루스벨트에게 미국이 대량의 은을 살 때는 사전에 통지해 중국이 충분히 대응할 수 있도록 해달라고 요구했다. 하지만 루스벨트는 중국의 이런 요구를 거절했다.

난징국민정부는 은의 유출을 막기 위해 계속해서 새로운 정책을 내놓았다. 하지만 끝내 문제를 해결하지 못했다. 도저히 어찌할 도리가 없자 1935년 화폐개혁을 시도해 붕괴 직전의 중국 경제를 구하려고 했다. 중국의 은본위제는 이렇게 끝나고 말았다.

. .
.

## 절반의 성공이 된 화폐개혁

미국은 은구매법을 공포하고 총성 없는 무역전쟁을 일으켰다. 중국 경제는 빠르게 나빠졌다. 심지어 당시 금융계 인사 몇몇은 중국 경제가 수개월 내에 전면적으로 붕괴하리라고 내다보았다. 이런 상황에서 중국이 쓸 수 있는 패는 화폐개혁이 유일했다. 그렇다고 화폐개혁이 '적절한' 패라고는 할 수 없었다. 쿵샹시는 화폐개혁의 이유를 이렇게 설명했다.

> "환 등락이 일정치 않아 상업이 크게 영향받으므로, 정부는 부득불 화폐제도를 근본적으로 개혁하지 않을 수 없다."

1934년 11월 난징국민정부는 은원 대신 지폐(법폐)를 발행하는

**쿵샹시**  1937년 신년파티에서 미국 상무부 장관인 제시 존스(Jesse Jones)와 찍은 사진이다. 비록 미국이 위기를 전가해 많은 은이 유출되지만, 난징국민정부로서는 미국과의 우호적인 관계가 필수였다. 대신 화폐개혁이라는, 내부의 개혁으로 상황을 타개하고자 시도했다.

화폐개혁을 준비하기 시작했다. 화폐개혁의 핵심 내용은 은을 국유화하고 법폐를 발행해 환본위제를 확립하는 것이었다. 불과 1년 후인 1935년 11월 3일 난징국민정부는 '법폐 시행에 관한 재정부 보고'를 발표하고 화폐개혁 실시를 선언했다. 이로써 세금 납부, 공사의 경비 수납과 지출은 법폐로만 가능하게 되었다. 또한 중앙은행, 중국은행, 교통은행, 중국농민은행 네 곳이 발행한 지폐만을 법폐로 규정하고, 나머지 은행의 지폐는 기한 내 중앙은행의 법폐로 교환하도록 했다. 무엇보다 전국의 은을 강제로 국유화해 개인은 물론이고 점포, 상점, 공기관도 은화나 금은을 보유할 수 없게 했다.

화폐개혁의 목적은 두 가지였다. 첫 번째 목표는 개인과 민간은행이 소유한 은을 정부에 넘기게 하는 것이었다. 11월 15일 재정부는 '법폐 교환방법'을 공지해 개인, 점포, 상점, 공기관이 가진 은폐나 은화를 3개월 이내에 법폐로 교환하도록 했다. 그런데 이때 프리미엄을 전혀 지급하지 않아, 민간은행은 울며 겨자 먹기로 같은 시기 국제시장에서의 은가격보다 40퍼센트나 손해 보았다. 이런 식의 교환은 흡인력이 없을 수밖에 없었다. 교환을 장려하기 위해 난징국민정부는 우대책을 내놓았다. 즉 민간은행에 법폐를 지급할 때, 그 가치의 60퍼센트에 해당하는 은만 내도록 하고, 나머지 40퍼센트는 민간은행이 지닌 정부채, 주식, 회사채 등으로 메꾸게 했다. 일종의 평가절하였다. 이 방법은 효과가 좋았다. 1936년 난징국민정부는 개인과 민간은행에서 대략 3억 달러 가치의 은을 모으는데, 이 중 75퍼센트가 민간은행의 은이었다. 난징국민정부는 이 은을 영국과 미국으로 보내 외화로 바꾸어 법폐의 준비금을 마련했다. 이로써 법폐의 가치를 안정시키고, 법폐가 국제적으로 유통되도록 역량을 강화했다.

화폐개혁의 두 번째 목표는 열강의 농간에 더는 놀아나지 않는 것이었다. 주위 강대국들의 간섭에서 벗어나기 위해서는 무엇보다 그들의 지지를 얻는 일이 중요했다. 만약 중국 내 외국은행이 화폐개혁을 무시하고 은을 내놓지 않는다면, 법폐는 심각한 신용위기에 직면할 수 있었다.

이 문제를 해결하기 위해 난징국민정부는 우선 영국에 차관 2,000만 파운드를 요청했다. 하지만 영국은 화폐개혁을 환영한다면서도 일본과의 관계를 고려해 차관을 거절했다. 그러면서 만약 중국이 먼저 만주국(일본이 세운 괴뢰국)을 승인하면 차관을 허가하겠다고 덧붙였다.

일본은 분명하게 화폐개혁을 반대했다. 중국에 있던 일본 은행은 은과 법폐의 교환을 무시하고, 적극적으로 은을 밀거래했다. 또한 수차례 불법으로 외환을 거래해 난징국민정부가 법폐와 엔을 연계하도록 압박했다.

미국은 화폐개혁을 지원하겠다고 나섰다. 다만 세 가지를 요구했으니, 첫째, 법폐의 준비금이 되는 외화를 미국 은행에 예금할 것, 둘째, 미국 고문에게 자문받을 것, 셋째, 법폐는 미국 달러와 연계할 것이었다. 치열한 협상을 거쳐 1936년 5월 '중미백은협정'이 체결되었다. 주요 내용을 정리하면 이렇다.


· 미국은 중국에서 은 7,500만 온스를 구매한다. 가격은 구매 시 시장가격으로 하고, 대금은 금이나 달러로 지급한다.
· 중국이 받은 대금은 반드시 미국 은행에 예치한다.
· 중국이 미국 은행에 예치한 5,000만 온스의 은을 담보로 미국 연방저축은행은 중국에 2,000만 달러의 기금을 제공한다.


이렇게 해서 중국은 달러를 중심으로 한 경제질서에 편입되었고, 미국은 중국의 금융시장 통제라는 목적을 달성했다.

화폐개혁은 비록 완전하지는 않지만, 경제를 진작시키려는 목적은 확실히 달성했다. 수개월 만에 지난 수십 년간 보지 못한 무역흑자를 기록했다. 또한 평가절하가 동반되어 법폐의 유통량이 상당히 증가했다. 자연스레 물가가 반등하자 상공업이 발전하고 경제가 다시 활기를 띠기 시작했다.

역설적이게도 미국이 15억 달러의 자금을 소모하며 일으킨 이 무역전쟁으로 미국과 중국 모두 손실을 보았다. 중국에서는 거대한 금융위기가 일어나 후환을 만들었고,••• 미국 또한 별 이득을 얻지 못했다. 최후의 승자는 일본으로, 중국의 은을 밀거래하거나 강탈해 런던 등지에서 비싼 값에 팔아 국력을 키웠다. 무역전쟁은 대개 이렇다. 각국의 경제와 금융이 점점 밀접하게 연계됨으로써 사소한 일이 전체에 영향을 미친다. 두 국가의 무역전쟁으로 당사국들은 패자가 되고 구경하던 다른 국가가 이익을 챙긴다. 어부지리가 아닐 수 없다.

---

••• 1937년부터 1945년까지 중국을 휩쓴 인플레이션을 말한다. 은본위제 포기와 화폐개혁이 너무 서둘러 진행된 결과다. 미국 경제학자 밀턴 프리드먼(Milton Friedman)은 "만약 미국이 은가격을 높이지 않았다면, 중국은 좀더 늦게 은본위제를 포기했을 것이다. 그러면 훨씬 좋은 상황에서 화폐개혁을 진행했을 것이다"라고 평했다.

# 3부

# 바로 오늘의
# 무역전쟁 :

## 제2차 세계대전부터
## 미·중 무역전쟁까지

# 1
# 또 하나의
# 세계대전

—

인류의 역사를 살펴보면 수많은 충돌과 전쟁이 경제적 이익을 둘러싸고 벌어졌음을 알 수 있다. 실제로 20세기 초 벌어진 두 차례의 세계대전도 경제적 이익이 원인이자 무기였다. 예를 들어 영국은 세계대전 중에 경제적으로도 독일과 전쟁을 치르며 튼튼한 무역망과 경제력을 바탕으로 결정적 타격을 가하는데, 이는 역사의 방향을 바꾸어놓기에 충분했다.

—

## ⋮

## 세계대전의 배경

역사학계에는 두 차례의 세계대전이 우연이나 순수한 정치적 원인만으로 발발한 것이 아니라, 다양한 분야에서의 경제적 경쟁으로 형성된 열강들의 적대관계가 악화되어 군사적으로 충돌한 것이라는 시각이 있다.

사실이 그렇다. 제1차 세계대전 발발 전 유럽의 많은 국가가 무역전쟁에 휩쓸렸다. 1888년부터 1889년까지 이탈리아와 프랑스가, 1879년부터 1894년까지 러시아와 독일이, 1906년부터 1910년까지 오스트리아와 세르비아가 무역전쟁을 벌였다. 식민지와 관세 등을 놓고 크고 작은 무역전쟁을 치른 열강들은, 그것만으로는 세력균형이 바뀌지 않자 결국 제1차 세계대전으로 맞붙게 되었다.

그렇다면 두 차례의 세계대전 전후로 어떤 무역전쟁이 벌어졌는가. 처음은 관세전쟁이었다. 관세장벽은 무역전쟁의 가장 흔한 수단으로, 역사적으로 자본주의 국가는 관세를 이용해 상품의 수입과 수출을 제한하고 통상국에 손해를 입혔다. 실제로 당시 유럽은 출구 없는 관세전쟁으로 진통을 앓았다. 19세기 말 프랑스가 이탈리아, 독일과 치른 무역전쟁은 모두 관세전쟁이었다. 제1차 세계대전이 끝나도 관세전쟁은 계속되었다. 독일은 수입관세의 29퍼센트를, 프랑스는 38퍼센트를 올렸다. 1929년 대공황이 발생하자 관세전쟁은 더욱 격화되었다. 미국을 시작으로 각국이 수입관세를 올리는데, 이는 제2차 세계대전의 한 원인이 되었다.

다른 보호조치도 잇달아 시행되었다. 프랑스는 수입할당제를 도입해 1,100여 종의 수입품을 특별히 관리했다. 심지어 독일은 물물교환을 부활시켜 현금을 사용하지 않고 자국 상품과 다른 국가의 상품을 맞바꾸었다. 이런 극단적인 조치를 다른 국가들이 그대로 모방하며 관세전쟁은 전 세계의 경제를 쇠퇴시켰다.

관세전쟁에 이어 덤핑전쟁*이 불붙었다. 각국이 분분히 관세장

**전쟁의 배경**　제1차 세계대전이 발발하기 2년 전 발표된 만평이다. 세르비아부터 러시아, 독일, 프랑스, 영국까지 유럽 각국이 물고 물리는 상황을 잘 묘사했다.

벽을 세운 탓에 판로를 잃은 상품들이 심각할 정도로 쌓이자, 어떤 나라는 재정위기까지 겪었다. 이런 궁지에서 벗어나기 위해 덤핑전쟁이 시작되었는데, 일본과 독일의 사례가 가장 전형적이다.

　1930년대 일본은 전 세계를 누비며 남는 상품을 덤핑했다. 특히 방직물을 중국, 인도, 영국에 덤핑했다. 방직물의 전통적인 수출대국은 영국이나, 이 기간에 일본에 역전당했다. 당시 영국인이 사용하던 실크손수건의 전부가, 우산의 80퍼센트가 일제였다. 일본의 맹렬한 덤핑은 전 세계적인 불매운동이라는 역풍을 맞았다. 미국,

---

- 덤핑전쟁은 수출을 확대하고 자본가의 이익을 보전하기 위한 수단이다. 국내 시장의 고물가를 유지하는 동시에, 임금을 낮추거나 평가절하하는 등의 방법으로 수출원가를 낮춰 상품을 국외에서 염가로 대량 판매한다.

필리핀, 그리스, 터키는 수입허가제를 활용해 일본의 덤핑을 저지했다. 1933년 일본의 어느 일간지에 실린 기사는 이런 상황을 잘 보여준다.

"영국이 일본 상품 중 철강, 고무, 도자기, 견사, 견직물, 염료, 모자 등의 관세를 올려 배척한다. 영국령 인도는 일본이 제조한 견직물, 면직물, 수건, 커튼 등 물품 20여 종의 수입관세를 인상해, 일본과 인도의 통상조약은 곧 실효될 것이다. 오스트레일리아, 말레이시아, 아프리카대륙 남부·동부·서부의 영국령, 몰타 섬, 이집트 등지에서 똑같이 수입관세를 올려 일본 상품을 저지하고 통상조약을 폐지했다."

고조된 긴장은 결국 일본의 제국주의적 침략을 앞당겼다.

독일은 제1차 세계대전의 패전으로 무거운 채무를 안고 있어 일본처럼 할 수는 없었다. 하지만 군대를 재정비하기 위해서는 반드시 수출을 확대해야 했다. 그래서 수출보조금을 도입하는데, 예를 들어 석탄과 시멘트는 수출가가 국내가보다 30퍼센트나 쌌다. 물론 회사는 할인한 만큼 나라에서 보조금을 받았다.

다음으로 주목할 만한 무역전쟁이 바로 화폐전쟁이다. 1930년대 이전에는 진정한 화폐전쟁의 개념이 존재하지 않았다. 각국은 금본위제를 유지하기 위해 노력할 뿐, 화폐의 평가절하나 환율인하를 무역전쟁의 수단으로 삼는 것은 생각지도 못했다. 이런 상황은

1929년 벌어진 대공황을 계기로 바뀌었다. 당시 국제금융의 중심지였던 영국에서 대량의 금이 외부로 유출되자 영국 파운드가 미국 달러에 대해 평가절하되고, 영국 상품의 가격도 낮아졌다. 그러면서 수출이 활성화되어 오히려 관세전쟁을 벌인 미국에 보복하는 예상치 못한 결과가 발생했다. 이렇게 화폐전쟁은 무역전쟁의 새로운 무기로 떠오르게 된다.

∴

## 독일의 잠수함이 미국을 깨우다

총칼을 휘두르는 전선에서만 목숨이 왔다 갔다 하는 것은 아니다. 무역전쟁도 마찬가지다. 제1차 세계대전 당시 영국과 독일의 무역전쟁이 그러했다. 두 나라는 지역봉쇄, 통상금지, 마르크 평가절하, 중립국 무역통제 등의 온갖 방법으로 상대의 목숨을 끊고자 했다.

제1차 세계대전 직전까지 영국은 전성기를 누리고 있었다. '해가 지지 않는 나라'로 세계에서 가장 많은 식민지를 경영했다. 1914년 영국이 차지한 식민지는 본토 면적의 111배에 달했다. 또한 최초로 산업혁명에 성공해 GDP가 110억 달러를 기록했다. 이처럼 경제와 무역 모두 세계 최고였다. 자신의 강점을 분명하게 알고 있던 영국은 독일과의 제1차 세계대전도 금방 끝내리라 자신했다. 당시 영국 왕 조지 5세는 독일이 "불타오르는 파운드"의 힘을 피부로 느끼게 될 것이라고 말했다.

1914년 8월 4일 영국은 정식으로 독일에 선전포고했다. 영국은 총을 쏘기 전에 경제적 수단으로 독일을 공격하기 시작했다. 먼저 신속하게 전시금지품 목록을 만들어 독일과의 수출입을 금지했다. '런던선언'**을 수락한 후에는 이 목록을 확대해 통상적인 무역품인 양모, 피혁, 실크, 황마, 고무, 광석, 각종 화학품 등까지 포함했다.

영국은 또한 끊임없이 독일 기업의 주식을 매도하고 금을 매수해 금융시스템을 교란하는 데 진력했다. 덴마크가 여기에 가세해 마르크의 화폐가치를 더욱더 떨어뜨렸다. 1914년 12월 마르크가 덴마크의 크로네에 대해 평가절하되어 환율이 34퍼센트나 떨어지는 등 영국의 시도가 효과를 보이기 시작했다. 물론 독일도 가만히 당하고만 있지는 않았다. 세 가지 조치를 단행하는데, 첫째, 덴마크에서 대량의 금을 수입해 마르크의 평가절하를 저지하고, 둘째, 덴마크에 수출하는 상품의 종류와 수량을 늘리며, 셋째 환율이 더 떨어지지 않도록 덴마크 기업의 유가증권, 주식, 공채 등을 매도했다. 이런 조치로 독일은 상당 기간 환율을 방어하는 데 성공했다.

상술한 무역전쟁 외에도 영국은 당시 중립국이었던 미국을 통제해 독일과의 무역을 금지했다. 미국은 영국의 제해권制海權 때문에 진정으로 중립을 지키기 어려웠고, 결국 엄청난 양의 군수물자와 소비품, 대출을 연합국에만 제공했다. 이렇게 큰돈을 번 미국은 전

---

•• 1908년 12월 4일부터 1909년 2월 26일까지 각국 수뇌부가 런던에 모여 해전법을 논의했는데, 그 합의안이 바로 런던선언이다. 런던선언은 중립국과 해군규모가 작은 국가 그리고 제1차 세계대전 때의 독일에 유리했다. 이에 영국 의회는 런던선언의 비준을 거절했다. 이에 미국이 반발하자, 결국 1914년 10월 말 영국은 런던선언을 수정, 보충한 후 수락했다.

**제1차 세계대전의 참상** 1917년 7월부터 11월까지 영국군과 독일군은 벨기에의 파센달러 (Passendale)에서 격렬하게 맞붙었다. 독가스까지 사용된 이 전투로 파센달러는 완전히 폐허 가 되었다.

쟁이 끝나자 일약 세계 최대 채권국이 되었다.

제1차 세계대전 초기만 하더라도 독일과 미국이 충돌할 여지는 많지 않았다. 하지만 미국과 영국, 프랑스 등의 무역이 날로 증가하 므로 자연스레 독일이 미국의 지지를 받을 가능성이 사라지자 두 나라의 관계는 급속히 악화되었다. 영국은 독일의 숨통을 끊기 위 해 무역금지와 봉쇄에 박차를 가했다. 북해에 기뢰를 설치하고 전 시금지품 목록을 확대하는데, 이 목록에는 식품과 면화까지 포함되 었다. 나아가 중립국과 독일의 무역을 막기 위해 덴마크, 네덜란드 의 무역을 중지시키고, 미국 선박을 강제로 수색해 만약 금지품이 발견되면 그 자리에서 몰수했다. 사실 이러한 행위는 거의 모두 불 법이었다. 당시 미국 대통령 우드로 윌슨Woodrow Wilson의 항의에

**참호 속 휴식** 제1차 세계대전은 무역전쟁이 동반되었다. 따라서 연합국과 동맹국 모두 물자가 부족했다. 당시 병사들은 멀건 죽과 감자 정도로 끼니를 때웠다.

도 영국은 전혀 개의치 않았다. 영국은 한편으로는 외교부를 통해 미국에 적절한 유감의 뜻을 전달하고, 다른 한편으로는 수색을 계속해나갔다. '불타오르는 파운드'도 중요한 역할을 했다. 영국이 미국 기업의 손실을 배상하고 대량의 미국 상품을 고가에 구매하자 미국은 영국의 행위를 묵인할 수밖에 없었다. 이렇게 해서 영국은 미국과 독일의 관계를 단절시켰다.

독일은 분노했다. 영국의 행위를 묵인하는 미국에 강력하게 항의하고, 영국의 목표를 '식량봉쇄', 또는 '기아飢餓봉쇄'로 보았다. 그리고 영국이 독일보다 더 대외무역에 의존한다고 보고 '잠수함전'을 개시했다. 1915년 2월 4일 독일은 잉글랜드, 스코틀랜드, 아일랜드 주위의 수역을 전쟁구역으로 선포하고, 이 구역 내의 모든 적국 선박을 파괴할 것이니 중립국 선박은 얼씬도 하지 말라고 으름장을 놓았다. 이는 사실 중립국 선박도 모두 파괴하겠다는 뜻으로, 당시 영국 선박들이 항상 중립국 국기를 걸고 있었기 때문이다. 즉 '진짜' 중립국 선박은 알아서 피하라는 경고였다. 1917년 독일의 잠수함 전은 '무제한 잠수함전'으로 확대되었다. 잠수함전은 확실히 영국의 무역을 방해했다. 독일 잠수함은 연합국 선박 2,566척을 침몰시키는데, 등록된 화물만 573만 톤이었다. 그중 60퍼센트가 영국 선박이지만, 정작 가장 큰 손해를 본 건 미국이었다. 전술상으로 독일은 잠수함전으로 확실히 성과를 얻었다. 하지만 전략상으로 미국의 빠른 참전을 끌어냈으니, 실패했다고 볼 수 있다.

4년 3개월간 계속된 제1차 세계대전은 세계 경제의 판도가 크게 변화하는 계기가 되었다. 유럽 각국은 전쟁으로 심각한 피해를 보았지만, 미국은 오히려 큰돈을 벌고, 또 각국의 통제력이 약해진 틈에 대외무역을 확장해 강국으로 도약할 수 있었다.

∴

"시간은 연합국 편이다"

1939년 제2차 세계대전이 터졌다. 제1차 세계대전 중 영국은 과감한 무역전쟁으로 연합국을 도와 승리를 견인했다. 이런 경험을 살려 제2차 세계대전에서 영국은 더욱더 능란하게 무역전쟁을 수행했다. 이번에는 아예 경제작전부를 설치해 독일에 대한 경제봉쇄, 무역금지, 전략적 사재기를 시도했다.

무역전쟁은 두 번째 전장이었다. 영국은 주로 독일이 해외 산지에서 수입하는 제품, 인접한 중립국에서 수입하는 제품 그리고 독일의 수출품에 초점을 맞추었다. 경제작전부는 제2차 세계대전이 개시되고 6주 만에 성과를 냈다. 전시금지품 33만 8,000톤을 몰수한 것인데, 거기에는 석유, 철광석, 코코넛, 유채 등이 포함되어 있었다. 1938년 독일은 총 6,261만 9,800톤의 화물을 수입하는데, 무역전쟁이 벌어지고 얼마 안 되어 거의 절반으로 줄어들었다. 식품, 섬유, 피혁, 석유, 고무, 각종 공업용 광석이 매우 부족해진 독일은 공업생산에 큰 타격을 입는다. 영국의 방해로 수출도 어려워졌다. 특히 136만 5,400톤의 고품질 철강의 수출길이 막혔다. 철강을 수출해 번 돈으로 관련 산업을 육성한다는 독일의 계획은 수포가 되었다. 석탄, 화학품, 석재, 점토의 수출도 어려워져 독일은 막대한 손실을 보았다.

영국은 발칸반도와 동유럽, 남유럽에서 전략적 사재기도 수행했다. 우선 유고슬라비아와 협약을 맺어 중요 광물의 유한구매권을 확보했다. 이를 위해 영국은 세 가지 우대조건을 제시했다. 첫째, 유고슬라비아가 요구하는 원료를 제공할 것, 둘째, 유고슬라비아에 정량의 물자를 배급할 것,*** 셋째, 유고슬라비아에 황마, 바나나, 원

---

*** 영국은 전시금지품 목록에 구애받지 않고 유고슬라비아에 일정한 물자를 제공하는 대신, 유고슬라비아는 이 물자를 유럽의 다른 국가에 수출하지 않을 것을 보증했다. 특히 콩을 독일에 수출하지 않기로 동의했다.

면, 면직물, 주석, 차, 커피 등의 제품을 수출할 것이었다.

영국은 전략적 사재기에 제1차 세계대전에서 독일과 동맹을 맺은 터키까지 끌어들였다. 국제정세를 잘 파악한 터키는 영국에 협조해 양모, 올리브유, 광석, 면화 등의 독일 수출을 축소했다.

영국은 특히 철광석의 독일 유입에 예민했다. 무기를 만드는 데 사용되었기 때문이다. 실제로 제2차 세계대전을 전후해 독일의 철광석수입량은 매년 늘었다. 당시 독일에 가장 많은 철광석을 공급한 나라는 스웨덴이었다. 1940년 1월 19일 영국 외교부 장관 핼리팩스1st Earl of Halifax는 주영 스웨덴 대사에게 독일의 침략에 대항하는 문제를 놓고 함께 협의하자는 뜻을 전하지만, 스웨덴은 독일의 보복이 두려워 철광석수출을 끊지 못했다. 그렇지만 영국의 경제작전부는 포기하지 않고 스웨덴과 협상을 계속해, 결국 독일에 수출하는 철광석의 양을 통제한다는 협정에 서명하도록 했다. 하지만 이 협정은 효과를 발휘하지 못했다. 스웨덴이 수출하는 철광석의 양이 얼마인지 확인할 수 없었기 때문이다. 실제로 스웨덴은 독일에서 철광석의 대금으로 37.3톤에 달하는 금을 받았다. 이처럼 전략적 사재기는, 비록 스웨덴에서는 실패를 겪지만, 전체적으로 보면 충분히 성공했다.

전략적 사재기의 성공은 영국이 경제력과 외교력을 바탕으로 중립국들을 통제한 것과 나누어 생각할 수 없다. 영국은 정말로 매우 많은 일을 해냈다. 제2차 세계대전이 발발하자마자 독일은, 중립국과 기타 국가의 관계가 변화해 독일이 피해를 본다면, 이는 중립을 파괴하는 행동이므로 공격을 가하겠다고 선포했다. 이런 위협은 네덜란드 같은 중립국을 공포에 떨게 했다. 영국도 중립국을 압박하니, 적국 항구에서 실은 화물은 해군을 동원해 모두 몰수할 것이라고 엄포를 놓았다.

이런 상황에서 중립국들은 영국에 터무니없는 특혜와 보상을 요구하거나, 독일과 영국의 눈치를 모두 보며 소극적으로 대응하거나, 오히려 반봉쇄에 적극적으로 나섰다. 영국으로의 화물운송을 거절하거나 수출을 지연시키는 식이었다. 결국 영국이 한발 물러섰다. 우선 1940년 1월 1일 전에 선적한 화물은 추궁하지 않기로 했다. 또한 몇몇 상품을 전시금지품 목록에서 제외하는데, 의약품처럼 인도주의적 목적으로 쓰일 물자와 중립국의 경제에 큰 영향을 미치는 물자 등이었다.

이 외에도 영국은 중립국이 무역전쟁으로 입은 손실을 보상했다. 차관을 제공하거나, 중립국 상품의 수입을 늘리거나, 중립국이 요구하는 물자의 수입을 허가하거나 하는 식이었다. 연장선에서 스페인, 포르투갈, 이탈리아에 통제받는 친독 중립국에는 조건부 원조를 제공해 독일과의 경제적 접점을 최대한 줄여나가도록 했다.

1940년 7월 독일이 서유럽을 모두 점령하자 영국은 위기를 느끼지만, 무역전쟁에서는 오히려 커다란 승리를 거두고 있었다. 경제작전부의 낙관적 보고에서 이런 상황이 잘 드러난다.

"시간은 연합국 편이다. 이는 연합국이 사실상 우위인 역량을

**위조된 10파운드**  베른하르트작전으로 만들어진 위조지폐. 너무나 정밀해 영국과 스위스의 은행들에서도 파악하지 못했다. 베른하르트는 미국 달러도 위조하려 하나 도안 등이 세밀하고 복잡해 실패했다.

충분히 동원할 수 있기 때문이기도 하고, 또 봉쇄의 효과가 곧 나타날 것이기 때문이기도 하다."

마지막으로 제2차 세계대전 중의 일화를 하나 소개하겠다. 소규모로 치러진 화폐전쟁 이야기인데, 독일은 제2차 세계대전 중 파운드를 대량으로 위조해 영국 경제를 교란하려고 했다. 바로 '베른하르트Bernhard작전'이다. 1942년 나치돌격대 장교 베른하르트 크뤼거Bernhard Krüger는 유대인 죄수 중 위조전문가 142명을 뽑아 안락한 생활을 보장하는 조건으로 파운드를 위조하게 했다. 그들은 특수용지를 구하고 조판틀을 만든 것뿐 아니라 영국 은행의 화폐코드까지 해독해냄으로써 파운드를 완벽하게 위조했다. 실제로 공작원이 스위스 은행과 영국 은행에서 이 위조지폐를 입금해보았는데,

아무도 알아차리지 못했다. 이렇게 완성된 위조지폐는 이탈리아로 보내 '세탁'한 후 전략물자를 사고 공작금을 지급하는 데 사용되었다. 영국은 위조지폐의 존재를 1943년이 되어서야 알아차리는데, 이는 파운드의 신용위기를 일으켰다.

전쟁이 끝날 즈음까지 감별이 불가능한 위조지폐가 대량으로 유통되는 상황에서, 영국 은행은 부득불 액면가 5파운드 이상의 지폐를 모두 회수해 소각하고 새로 발행했다. 이는 제2차 세계대전의 무역전쟁 중에서 독일이 거둔 가장 큰 승리였다.

# 2
# 중국을 괴롭힌
# 일본의 비밀전선

—

메이지유신을 거친 일본은 아시아의 강국으로 도약했다. 하지만 원래 국토가
협소하고 자원이 빈약해 정반대의 중국과 장기전을 치르기에는 역부족이었
다. 그래서 일본은 한편으로는 군사적 침략을 감행하고, 다른 한편으로는 무
역전쟁을 일으켰다. 일본 경제의 소모를 줄이고 중국 경제를 말살, 병탄해 전
쟁을 빨리 끝내고자 한 것이다.

—

:

## 덤핑으로 선제공격하다

1929년 대공황이 발생하자 열강들은 중국에 모든 위기를 '방류'하
고자 했다. 위기에서 벗어나고자 한편으로는 관세장벽을 쌓아 자국
시장을 보호하고, 다른 한편으로는 남아도는 자국 상품을 중국에
덤핑한 것이다. 특히 일본이 적극적이었는데, 덤핑으로 법폐를 빨

아들이고, 전략물자를 사재기하는 무역전쟁을 일으켰다.

　미국의 은구매법으로 금은 싸고 은은 비싼 상황이 초래되자 중국의 대외무역은 큰 타격을 입었다. 중국 상품은 수출원가가 높아져 경쟁력을 잃고, 수입품은 가격이 내려가 물밀 듯이 밀려들었다. 당연히 무역적자가 커졌는데, 1919년부터 1921년까지 2억 8,200만 원이던 무역적자가 1929년부터 1931년까지 6억 1,800만 원으로 증가하더니 1933년에는 7억 3,400만 원이 되었다.

　많은 나라가 이 기회를 틈타 중국을 공략하는 데 진력했다. 특히 일본은 공업이 발달해 상품의 수량이 많고 질이 좋으며, 지리적으로 가까워 운송이 쉽고 비용이 저렴하다는 점에서 경쟁력이 높았다. 1938년 한 해에만 일본은 중국 점령지구에서 2억여 원어치의 상품을 덤핑하는데, 이는 총수출액의 60퍼센트에 달하는 규모였다.

　일본이 가장 많이 덤핑한 것은 시멘트였다. 당시 중국 시멘트공장연합회의 조사를 보면 일본의 시멘트 덤핑이 얼마나 '과격'했는지 알 수 있다. 일본에서의 시멘트 한 통당 판매가를 원화로 환산하면 대략 3량 2전 4분이었다. 상하이까지 운송하면 2량 4전이 더 붙어 정상적인 중국 판매가는 5량 6전 4분이 되어야 했다. 하지만 일본 시멘트는 상하이에서 3량 정도에 팔렸다. 정상적인 판매가의 절반 정도인데, 일본에서의 판매가보다도 싼, 굉장히 불합리한 가격이었다. 이러한 저가공세 앞에서 중국 시멘트는 속수무책이었다. 중국 시멘트는 판매가 4량 6전에 세금 6전, 커미션 1전 5분이 붙어 5량 3전 5분으로 판매되고 있었다.

시멘트는 시작에 불과했다. 다른 많은 상품이 앞다투어 중국 시장을 점령했다. 막 성장하기 시작한 중국 기업들은 줄줄이 휴업하거나 도산하기에 이르렀다. 이에 반덤핑법을 만들어 산업을 보호, 구제하고 정상적 시장질서를 유지하며 외국 상품의 덤핑을 배척해야 한다는 목소리가 커졌다.

결국 1931년 2월 9일 난징국민정부가 정식으로 '덤핑화물세법'을 공포했다. 덤핑화물세법은 모두 아홉 개의 조항을 포함하는데, 외국 상품이 덤핑으로 시장을 어지럽히면 수입관세뿐 아니라 덤핑화물세까지 징수한다는 게 핵심이었다. 이때 덤핑의 기준은 상품가격이 수출국에서의 가격보다 낮을 때, 다른 수입국에서의 가격보다 낮을 때, 제조원가보다 낮을 때로 규정했다. 덤핑화물세법과 더불어 '반덤핑화물심사위원회'가 만들어졌다. 반덤핑화물심사위원회가 잡아낸 대표적인 덤핑 사례는 이렇다.

· 일본의 우뭇가사리 덤핑.
· 일본의 우한 방직공장을 활용한 덤핑.
· 일본의 시멘트 덤핑.
· 일본의 전등 덤핑.
· 일본의 석탄 덤핑.
· 일본의 생철 덤핑.
· 일본의 석회 덤핑.
· 러시아의 시멘트 덤핑.

**마인추(가운데)**　베이양(北洋)대학교를 졸업하고 예일대학교와 컬럼비아대학교에서 경제학을 공부한 마인추는 당시 중국 최고의 경제학자였다. 하지만 그도 너무나 공격적인 일본의 경제적·외교적 압박에는 묘안을 내놓지 못했다.

　　덤핑화물세법은 중국의 첫 번째 반덤핑법으로 난징국민정부가 관세장벽을 수단으로 국내 산업을 보호하기 시작했음을 보여준다. 하지만 이 법은 철저하게 집행되지 못해 실제적 조치보다는 상징적 조치에 머물렀다. 당시 일본은 계속해서 외교력과 무력을 동원해 중국을 위협했다. 일본 외무성이 쏟아낸 으름장에서 당시 분위기가 잘 드러난다.

　　"난징국민정부에 항의한다. 관세 인상은 일본에 심각한 타격을 주고 중일 우호관계를 해쳐 심히 유감스럽게 여기니 반성을 촉

구한다."

일본에 덤핑화물세를 징수하는 일은 거의 불가능했다. 당대의 저명한 경제학자 마인추馬寅初는 "난징국민정부는 외교적 압박에 저항할 방법이 없었다. 자주적이지 못했음을 짐작할 수 있다"라고 탄식했다.

•

## 밀거래에 동원된 일본군

1937년 중일전쟁 발발 전 일본은 덤핑의 수단으로 밀거래를 활용하는데, 일단 전쟁이 발발하자 이를 무역전쟁의 주요 수단으로 삼아 중국을 맹렬히 공격하기 시작했다.

일본의 방법은 매우 영악했다. 전황에 따라 때로는 밀거래를 금지하기도 하고 때로는 장려하기도 했다. 이처럼 밀거래는 명백히 군사적 수단의 하나였다. 전투가 벌어지는 지역에서는 일본군이 간상奸商, 토비討匪에게 경로를 알려주고 밀수품을 운송하게 하는 등 밀거래를 적극적으로 확장했다. 때로는 일본군이 직접 밀수품을 나르기도 했다.

처음 일본은 중국의 대외무역을 봉쇄하는 동시에 밀거래로 덤핑 규모를 확대했다. 다만 철강, 구리, 아연, 납, 알루미늄, 안티몬, 망간, 운모, 석탄, 마, 면화, 양모, 피혁, 돼지 갈기, 동유桐油, 차 같은 몇몇 상품은 덤핑을 금지했다. 일본의 밀거래망은 북부의 쑤이위안綏遠,

바오터우包头부터 중부의 양쯔강 일대를 거쳐 서남부의 닝샤寧夏, 룽시隴西까지 중국 전역에 퍼져 있었다. 특히 둥팅호洞庭湖, 포양호鄱阳湖, 상하이, 닝보寧波, 원저우溫州, 샤먼廈門, 차오산潮汕 등 호수나 바다와 접한 곳에는 어김없이 일본의 밀거래선船이 있었다. 이처럼 촘촘한 밀거래망을 활용해 일본은 매년 수백 톤의 상품을 중국에 들여보내고, 역시 수백 톤의 텅스텐, 식량, 잠사, 면화 같은 주요 자원과 수억 원의 법폐를 빼냄으로써 중국 경제와 대외무역에 큰 손실을 입혔다. 경제학자 디신청滌新曾은 당시 일본의 만행을 이렇게 묘사했다.

> "우리는 일본의 밀거래가 가장 큰 재앙임을 알 수 있다. 일본은 덤핑으로 대량의 법폐를 빨아들이고, 그 법폐로 상하이와 홍콩의 금융시장에서 외환기금을 암거래해 준비금을 강화했다. 일본 제품을 차, 실크, 돼지 갈기, 식물성 기름, 소와 양의 가죽 등과 바꾸기도 했다. 이런 덤핑으로 일본 국내에서 처리하지 못한 제품을 중국 농산물과 부등가교환을 하고, 점령지구나 항일세력의 근거지, 후방에서 필요한 주요 물자를 사재기했다."

난징국민정부는 일본의 밀거래를 엄밀히 조사하고, "인민의 수요에 따라 경중을 가려" 경제를 통제했다. 이때 통제한 물자는 크게 생필품, 공업기자재, 수출물자, 전매물품 등 네 가지였다. 이어서 일괄구입 일괄판매, 전매, 가격제한이 시행되었다. 1938년 10월 21일

**상하이를 침공한 일본군** 중일전쟁은 1937년부터 1945년까지 계속되는데, 일본군의 만행이 이루 말할 수 없을 정도였다. 상하이를 침공하면서는 독가스를 살포해 수많은 중국인이 목숨을 잃었다.

난징국민정부 경제부는 '이적물품 운송금지 조례'를 공포해 외환과 물자가 점령지구 등 일본의 영향력이 미치는 지역으로 흘러 들어가는 것을 금지했다. 1940년 조례의 적용범위를 넓혀 몇몇 사치품까지 통제했다. 이러한 조치는 난징국민정부의 강력한 의지를 보여주고, 실제로 어느 정도 일본에 타격도 입히지만, 사실 효과는 그리 크지 않았다. 이는 전쟁의 혼란으로 난징국민정부 안에서도 뜻이 통일되지 못했기 때문이다.

1940년 6월부터 무역전쟁에 미묘한 변화가 발생했다. 일본은 덤핑과 밀거래 대신 중국의 무역을 봉쇄하는 데 집중하고, 난징국민정부는 외려 밀거래를 장려하는 동시에 밀수꾼을 엄격하게 단속하는 쪽으로 방향을 바꾸었다. 모두 달라진 전황 때문이었다.

당시 추축국에 참여한 일본은 연합국에 무역을 철저히 봉쇄당했다. 일본은 중국의 외환을 절취하는 일이 더는 의미 없어지자 대외무역 자체를 봉쇄해 고사시키고자 했다. 난징국민정부가 부족한 물자를 확보하기 위해 밀거래를 장려했던 이유다. 이를 위해 1940년 8월 13일 '수출입 물품 운송 금지 및 허가 항목과 방법 청표'를 공포, 특정 물자는 어느 나라 어느 지방에서 온 것인지 묻지 않고 일률적으로 수입을 허가했다. 사실상 밀거래를 장려한 것인데, 그렇다고 일본의 밀거래까지 봐준 것은 아니었다. 난징국민정부는 1941년 1월 15일 밀거래 단속을 전담하는 집사처緝私處를 설치해 세관과 함께 허가받지 못한 밀거래를 단속했다. 1942년 집사처는 집사서緝私署로 승격되어 권한이 강화되었다.

난징국민정부의 밀거래 지원과 단속은 일본에 어느 정도 타격을 입혔다. 비록 대응이 느리고 수동적이었지만, 밀거래를 이용해 중국 경제를 무너뜨리려던 일본의 야욕은 충분히 저지할 수 있었다.

∶

## 화폐전쟁이 불붙다

중일전쟁이 터지기 바로 전날까지 일본은 중국과의 화폐전쟁을 준비했다. 목적은 두 가지였다. 첫째, 법폐의 유통을 막아 신용위기를 일으킬 것, 둘째, 암거래로 중국의 외환을 절취해 손쉽게 물자를 강탈하고 금융시스템을 파괴할 것이었다.

일본은 원래 새로운 화폐를 발행해 법폐를 대체하고자 했다. 하지만 이 계획은 당시 법폐로만 외환을 살 수 있다는 점 때문에 좌절되었다. 결국 일본은 계획을 수정, 법폐를 흡수한 다음 상하이 외환시장에서 암거래로 중국의 외환포지션˙을 획득했다.

일본이 법폐를 흡수해 외환을 밀거래한 이유는 당시만 해도 영국과 미국이 여전히 중요한 통상국이었기 때문이다. 미국은 일본의 중국 침략을 비난하면서도, 실제로는 일본과의 무역을 계속해서 이어나갔다. 그래서 일본은 중국의 후방지역에 상품을 덤핑하고 그 대금으로 법폐와 금은˙˙을 빨아들인 다음, 이를 가지고 미국에서 면화와 무기 등을 샀다.

난징국민정부는 법폐와 외환의 손실을 방지하기 위해 다음 몇 가지 규정을 공포했다.

· 영리를 목적으로 은폐, 동폐, 중앙조폐창의 은괴 등을 밀거래하거나 소각한 수출업자는 사형, 또는 7년 이상의 징역에 처하고 다섯 배 이하의 벌금을 부과한다.
· 예금은 일주일에 150원까지만 찾을 수 있다.
· 일본과 만주국의 지폐는 수수와 사용을 금하고 이를 어길 시 매국노로 보아 처벌한다.

---

· 특정 시점에서 외환거래로 매입한 외화자산과 부채의 차액을 말한다. 외환포지션을 획득함으로써 일본은 중국의 외환시장을 주무를 수 있게 되었다.
·· 중일전쟁 초기 법폐는 1년에 최소 2억 원에서 최대 7억 원까지 유출되었다.

- 홍콩, 마카오, 광저우로 가는 자는 지폐를 1인당 200원까지만 지닐 수 있다.
- 금은을 수출하거나, 수출하지는 않지만 세관을 통과해야 하는 경우 증명서를 가지고 있어야 한다. 국내에서 운송할 때도 마찬가지다.

이런 규정들로 법폐와 금은의 유실이 어느 정도 감소하지만, 엄격하게 집행되지 않아 효과는 그리 크지 않았다. 예를 들어 한도 이상의 법폐를 가져도, 실제로 압수당하는 경우는 거의 없었다.

1939년을 전후해 법폐의 가치가 하락하자 일본은 위조지폐를 뿌리는 쪽으로 전략을 바꾸었다. 그러면서 한편으로는 점령지구에서 법폐를 사용하지 못하게 해 난징국민정부가 그곳에서 물자를 구할 수 없게 하고, 다른 한편으로는 가지고 있던 법폐로 난징국민정부가 장악한 지역의 물자를 사재기했다. 난징국민정부로서는 최악의 상황이었다. 일본은 1938년 6월 화북지역을 시작으로 1939년 3월 모든 점령지구에서 법폐의 사용을 전면 금지했다. 동시에 법폐를 대량 위조해 가치를 떨어뜨리고 금융시스템을 파괴했다. 일본은 몇몇 도시에 물자보급부를 만든 다음 이익에 눈먼 상인들을 꾀어 난징국민정부가 장악한 지역에서 면사, 포목, 양약, 철물, 휘발유 같은 물자를 사들인 다음 점령지구로 가져와 일본군에 공급하도록 했다. 이러한 전략은 일거양득이었다. 한편으로는 물자를 보충하고, 다른 한편으로는 자신들이 가진 대량의 법폐를 풀어 인플레이션을

**화싱은행이 발행한 위조지폐**  일본은 무역전쟁을 벌일 요량으로 상하이에 여러 은행을 세웠다. 그중 가장 대표적인 것이 화싱은행으로, 그곳에서 발행한 1위안짜리 위조지폐다.

조성했기 때문이다.

　그 사이 난징국민정부도 작은 승리를 거두었다. 1939년 준비금을 투여해 외환시장에서 법폐의 가치를 올리자 일본은 1억 원의 법폐를 암시장에 쏟아부어 외화를 쓸어 담으려 했다. 이때 난징국민정부가 상황을 숨기는 대신 오히려 공개해 법폐 1원의 시세가 8펜스에서 3펜스까지 떨어졌다. 일본이 암거래로 많은 외화를 벌어들이지 못하게 하려는 극약처방이었다. 실제로 일본이 점령지구에 세운 화싱華興은행은 자본이 법폐 5,000만 원인데, 그 가치가 순식간에 1,200만 원까지 떨어졌다. 일본이 상하이에 세운 다른 은행들 또한 힘을 잃었다.

　하지만 이는 어디까지나 작은 승리였다. 일본과의 무역전쟁에서 난징국민정부는 언제나 한 박자 늦게 대응했다. 1943년이 되어서야 정식으로 법폐의 내부유동을 금지하고 유출제한을 해제했다. 하지만 이미 늦었다. 막대한 손실이 발생한 후였다. 훗날 미국도 비슷한 평가를 내렸다.

"일본은 이미 상당한 양의 법폐를 사용했다. 들리는 바로는 여전히 20억 원의 법폐를 가지고 있다고 한다. 이로써 중국은 물자가 부족해져 인플레이션에 시달리게 되었다."

반대로 일본은 점령지구의 인력과 물자로 전쟁에 필요한 것을 조달하는 데 성공했다.

# 3
# 한국전쟁을 삼킨
# 무역전쟁

—

한국전쟁에 참전한 중국은 전쟁터에서뿐 아니라 경제영역에서도 미국, 일본, 영국 등과 격렬한 싸움을 벌이게 되었다. 특히 중국과 미국의 역사상 최초의 무역전쟁은 오늘날 눈여겨볼 만한 시사점을 건넨다.

—

:

## 미국과 COCOM, UN의 삼위일체

중화인민공화국, 즉 현재의 중국이 건립되자 미국은 경제적 대응을 준비했다. 1949년부터 1950년 6월 한국전쟁 발발 전까지는 상대적으로 느슨하게 대응했다. 하지만 한국전쟁 발발 후에는 중국과의 무역을 중단하고 동맹국을 끌어들여 무역전쟁을 일으켰다.

  1949년 초 미국은 대중국 정책을 담은 〈SC41호 보고서〉를 작성했다. 보고서의 내용은 당시 미국이 소련 등 공산권 국가에 시행한 무역금지 정책을 바탕으로 하되 좀더 느슨했다. 무엇보다 중국이 일본 및 서구와의 무역을 복구하는 것을 허가해야 한다고 제안했다. 즉 미국의 안전에 직결되는 중요 공업·교통·통신설비라도 소련과 그 위성국에 되팔지 않겠다고 보증만 하면 중국에 수출해도 된다고 보았다. 다만 정말 필요한 만큼만 미국에서 수입하는지 확인하기 위해 중국의 수요를 평가할 것을 제안했다. 연장선에서 보고서는 민간 상인은 '최소한의 통제'를 받아야 한다고 규정했다.

정리하자면 당시 미국은 중국을 꽤 경직된 태도로 대하면서도 어느 정도 여지를 남겨두었다. 그 이유로는, 첫째, 중국과 소련의 분열을 꾀했고, 둘째, 패권국으로서 중국에 영향을 미칠 수 있다는 자신감이 있었기 때문이다. 미국은 중국이 경제를 재건하다가 어려움을 겪으면 반드시 서구에 도움을 청할 것으로 보았다. 보고서가 발표되고 1년 후 중국과 일본의 무역액은 대략 4,000만 달러였는데, 중국과 미국의 무역액은 2억 달러 가까이 되었다. 중국은 미국에 1억 640만 달러어치를 수출하고, 8,300만 달러어치를 수입했다. 미국과의 무역액은 중국 총무역액의 4분의 1에 해당했다. 미국은 중국의 중요한 통상국이었다.

하지만 한국전쟁이 발발하며 상황이 완전히 달라졌다. 미국은 즉각 태도를 바꾸고 소련 등에 시행했던 무역금지 정책을 중국에 그대로 적용해 석유와 관련 제품의 수출을 금지했다.

1950년 6월 미국은 중국에서 활동하는 자국 석유회사에 압력을 넣어 석유공급을 막고, 교섭 중이던 새로운 계약도 파기시켰다. 이

**홍콩의 쉘 주유소**   1950년 중국으로의 석유공급이 막히기 직전 사진이다. 당시 중국은 쉘과 텍사코에서 대량의 석유를 공급받았는데, 미국이 이를 막아 큰 타격을 입었다.

어 영국, 프랑스, 필리핀, 네덜란드, 캐나다, 일본, 인도네시아, 싱가포르, 인도차이나반도와 남미 국가들이 중국에 석유와 관련 제품을 공급하지 못하도록 압박했다. 실제로 영국과 '대공산권 수출통제 위원회Coordinating Committee for Export to Communist Area, COCOM'•가 미국의 요구를 따르기로 했다. 이러한 조치는 중국 경

---

• 공산권 국가들에 전략물자가 수출되지 않도록 통제하던 기구다. 1949년 미국의 제안으로 비밀리에 결성되었다. 회원국은 17개국으로 미국, 영국, 프랑스, 독일, 이탈리아, 덴마크, 노르웨이, 네덜란드, 벨기에, 룩셈부르크, 포르투갈, 스페인, 캐나다, 그리스, 터키, 호주, 일본이었다. 그 본부가 파리에 있어 '파리위원회'로 불렸다. COCOM이 관리한 물자는 1만 개 이상이었다.

제에 심각한 피해를 주었다. 당시 중국은 상당량의 석유를 주로 영국의 쉘Shell과 미국의 텍사코Texaco에서 공급받고 있었기 때문이다.

중국이 한국전쟁에 개입하자 미국은 신속하게 무역제재를 강화했다. 이때부터 미국은 무역전쟁의 밑그림을 구체화하기 시작했다.

· 대중무역을 철저히 금한다.
· 중국으로의 모든 운송을 철저히 금한다.
· 미국에 있는 모든 중국 자산을 동결한다.
· 서구의 모든 국가가 대중무역을 하지 않도록 협력을 구한다.

1950년 12월 2일 미국 상무부는 중국을 대상으로 수출허가제의 시행령을 공포했다. 중국, 홍콩, 마카오로 향하는 모든 수출품은 종류에 상관없이 무조건 수출허가제를 적용했다. 이는 무역전쟁의 명백한 신호였다. 곧 미국에서 중국으로의 모든 수출이 전면 중단되었다. 이어서 미국은 중국이 제3국을 거쳐 미국 제품을 구하지 못하도록 미국에 있는 모든 중국 자산을 동결했다. 또한 어떠한 미국 선박도 중국 항구에 정박하지 못하도록 했다.

1951년 모든 서구 국가가 이러한 조치를 따르게 되는데, 미국이 국제연합United Nations, UN에서 중국 제재 관련 안건을 통과시켰기 때문이다. 이에 만족하지 못한 미국은 다시 한번 UN에서 전면적인 중국 봉쇄와 무역금지를 결의하려 했다. 하지만 이번에는 영국과 프랑스 등이 부작용을 걱정해 반대하고, 무엇보다 한국전쟁이 휴전협정을 앞두고 있어 명분이 부족해진 미국은 뜻을 이루지 못했다.

이처럼 미국의 동맹국들은 중국과의 이해관계나 정책적 관점이 미국과 달랐다. 그래서 미국은 그들의 동의를 얻는 데 어려움이 있었다. 대표적인 나라가 일본이었다. 미국과 중국의 무역전쟁에서 일본이라는 변수는 집중해서 살펴볼 만하다.

•

## 일본이 희생을 받아들이다

한국전쟁 전까지만 해도 일본은 중국에서 막대한 원료를 수입했다. 즉 일본 경제는 중국에 엄청난 영향을 받았다. 1950년 중국과 일본의 무역액은 8월 기준 3,500만 달러로, 같은 기간 일본 총무역액의 3퍼센트 정도였다. 이 수치는 그다지 눈에 띄지 않지만, 같은 시기 일본의 대중국 수입액은 수출액의 네 배에 달했다. 게다가 일본은 중국에서 소수의 제품만 집중적으로 수입해, 해당 제품의 전체수입량 중 중국산의 비율이 상당히 높았다. 예를 들어 일본이 수입한 코크스 중 25퍼센트가 중국산이었다. 그런데 중국과의 무역이 막히자 일본은 더 비싼 대체재를 수입하느라 상당한 경제적 손실을 보았다.

1950년 6월 한국전쟁이 발발하자 주일 UN군사령부는 일본에 금지령을 발동해 '1B 항목'에 해당하는 제품(석유와 관련 제품)은 이미

**시게루와 덜레스(가운데)** 1951년 '샌프란시스코강화조약'에 서명하는 모습이다. 샌프란시스코강화조약은 일본과 연합국이 맺은 평화조약으로 이후 일본은 많은 부분에서 미국의 눈치를 보게 된다. 사진의 제일 오른쪽이 미국 국무부 장관 딘 애치슨(Dean Acheson)이다.

계약된 것이 아닌 이상 중국으로 수출하지 못하게 했다. 같은 해 12월 6일 금지령을 확대해 계약 여부와 상관없이 해당 제품의 수출을 막았다. 이로써 1B 항목의 제품은 중국으로의 수출이 전면 금지되었다. 맥아더는 중국을 상대로 한 금수정책이 더욱 엄격하게 지켜지도록 일본을 압박했다.

그 결과 중국과 일본의 무역액은 급격히 떨어졌다. 1952년 일본의 무역액은 1,550만 달러로, 그중 대중국 수출액은 50만 달러에 불과했다. 중국 시장을 잃게 된 일본 기업들은 심각한 경영난을 타개하고 새로운 시장을 뚫기 위해 울며 겨자 먹기로 가격을 할인할 수밖에 없었다. 예를 들어 일본은 중국에 양철을 1톤당 280~300

달러에 팔았는데, 중국과의 무역이 끊어진 후에는 미국 시장을 공략하려고 1톤당 220~250달러까지 가격을 낮추었다. 그 결과 수많은 중소기업이 파산했다.

일본은 한편으로는 경제적 손실을 우려하면서도, 다른 한편으로는 미국에 영합해 완전한 독립이라는 정치적 목적을 달성하고자 했다. 1951년 1월 제2차 세계대전 후 선출된 첫 번째 총리 요시다 시게루吉田茂는 특사 존 덜레스John Dulles와의 회견에서 "무역은 무역이고 전쟁은 전쟁이다"라고 하며 중국과의 무역을 다시 허락해달라고 요청했다. 하지만 덜레스는 딱딱한 냉전식 어투로 회답했다.

"지금의 형국에서 자유세계의 희생은 불가피합니다."

미국은 중국 봉쇄를 독려하며 일본에 많은 보상을 주었다. 예를 들어 대량의 상품을 주문하거나 원조를 제공하고, 암암리에 '관대한 평화'를 약속했다. 결국 한국전쟁 내내 일본은 철저히 미국의 뜻에 따라 다른 어떤 서구 국가보다 더 철저하게 중국 봉쇄에 나섰다.

그렇다고 일본의 태도가 늘 한결같았던 것은 아니다. 일본 각계의 의식 있는 사람들은 미국의 뜻만 따르다가 중국 시장을 잃게 되지는 않을지 걱정했다. 이와 동시에 중국이 관계 정상화를 꾸준히 요구했다.

1952년 6월 일본 국회의원 세 명이 모스크바에서 열린 제1차 국제경제회의에 참가하고 돌아오는 길에 중국을 방문했다. 그 자리에서 일본의 민간단체와 중국의 국제무역촉진위원회가 '일중민간무역협정'에 서명했다. 미국이 분노하자 이를 진정시키기 위해 요시다가 직접 나서 이 협정은 무효라고 발표했다. 이후 중국이 협정의 기한을 수차례 연장하고 추가 협정도 추진하나, 16개월간 협정이 규정한 무역액의 5퍼센트 정도만 달성했을 뿐이다. 이렇게 중국과 일본의 무역은 완전히 막히고 말았다. 이후 일본은 COCOM의 정식 회원이 되어 더욱 엄격하게 중국과의 무역을 금지했다.

•

## 실패로 끝난 중국 봉쇄

중국도 가만히 앉아서 당하지만은 않았다. 나름 미국에 반격을 가해 서구 국가들의 중국 봉쇄를 깨뜨리려고 시도했다. 우선 '중국 내 미국 재산 통제 및 예금 동결에 관한 명령'을 공포했다. 이 명령에 따라 중국에 있는 모든 미국 예금을 동결하고 기업을 통제했다.

또한 소련과의 경제적 협력을 대폭 강화했다. UN에서 중국 제재 관련 안건이 통과되자, 중국은 소련과 협상해 1951년부터 1954년까지 보병사단 60개가 사용할 수 있는 무기와 장비를 제공받기로 했다. 거기에 더해 소련은 전투기, 탱크, 고사포, 자동차 등까지 제공했다. 모두 한국전쟁에서 사용할 장비들이었다. 1953년 5월 소련은 중국에 대형 원조프로그램 91개를 제공한다는 합의서에 서명했다. 실제로 한국전쟁 기간에만 소련은 중국에 대형 원조프로그램 141개를 제공했다. 중국은 그 보답으로 소련에 농산물과 고무 등을

**영원한 우정**  1956년 만들어진 선전물로 중국어와 러시아어로 '영원한 우정'을 뜻하는 글귀가 쓰여 있다. 이처럼 냉전 초기에는 중국과 러시아가 우호적인 관계를 유지했다.

공급했다.

　자연스럽게 중국과 소련의 무역액은 점차 증가했다. 중국 총무역액 기준 1950년 30퍼센트에서 1953년 56.5퍼센트까지 치솟는다. 다른 공산권 국가 중에서는 동독 및 체코와의 무역이 늘었다. 폴란드와는 합작회사를 설립해 중국, 또는 중국에 위탁받은 타국이 서구 국가들에서 들여오는 물자의 대부분을 운송하게 했다. 이는 미국의 중국 봉쇄를 회피하는 데 톡톡한 역할을 했다.

　중국은 스리랑카와도 협력했다. 스리랑카는 재식농업(플랜테이션)을 중심으로 주로 고무, 차, 야자를 수출하고 쌀과 생필품을 수입했다. 1950년대 초 흉년이 들어 식량이 부족해진 스리랑카는 미국에

합리적 가격으로 고무를 수출할 테니 시장가격보다 싸게 쌀을 수입할 수 있게 해달라고 수차례 요청했다. 하지만 미국은 이를 받아들이지 않았다. 스리랑카는 방향을 바꿔 중국의 문을 두드렸고, 곧 만족할 만한 답을 얻었다. 1952년 10월 중국과 스리랑카는 5년 기한의 무역협정을 맺어, 매년 중국은 스리랑카에 쌀 20만 톤을, 스리랑카는 중국에 고무 5만 톤(당시 고무수출량의 절반)을 수출하기로 했다. 이는 중국이 비공산권 국가와 맺은 첫 번째 무역협정이었다. 더욱 중요한 것은 중국이 안정적으로 고무를 공급받게 된 것으로, 군사적으로 매우 의미 있는 일이었다. 이에 미국이 스리랑카에 중국과의 무역을 그만두라고 요청했으나 당연히 거절당했다.

중국은 서구 국가들과도 관계를 맺었다. 1950년 10월 핀란드와 수교했다. 핀란드는 중국 봉쇄에 참여하지 않았으므로 중국은 핀란드와의 무역을 적극적으로 확대했다. 1952년 9월 중국, 소련, 핀란드는 3,400만 루블 규모의 삼각무역협정을 체결하고, 1953년 중국과 핀란드는 5,000만 루블 규모의 무역협정을 체결했다. 이는 중국이 서구 국가와 체결한 첫 번째 무역협정이었다.

1952년 4월 중국은 제1차 국제경제회의에 참가했다. 회의에서 중국은 영국, 네덜란드, 프랑스, 스위스, 이탈리아, 벨기에, 핀란드, 스리랑카, 인도네시아, 파키스탄 등 열 개 국가와 무역협정을 체결하는데, 모두 합하면 2억 2,300만 달러 규모였다.

미국이 UN까지 동원해 펼친 중국 봉쇄는 기대한 만큼의 효과를 내지 못했다. 서구 국가들이 계속해서 중국과 무역했기 때문이다.

이는 미국 대외원조사무관리서 서장이 의회에 제출한 보고서에도 명시되었다. 서구 국가들의 대중국 수출액은 1951년 4억 3,300만 달러에서 1953년 2억 7,000만 달러로 감소하는데, 반면 대중국 수입액은 1952년 3억 6,500만 달러에서 1953년 4억 2,500만 달러로 증가했다.

특히 중국과 주요 서구 국가들의 무역액이 매우 증가했다. 1952년과 1953년의 무역액을 비교해보면, 영국과의 무역액은 4,500만 파운드에서 6,100만 파운드로, 서독과의 무역액은 280만 달러에서 2,500만 달러로, 프랑스와의 무역액은 330만 달러에서 1,240만 달러로 증가했다. 일본과의 무역액도 50만 달러에서 450만 달러로 증가했다. 미국은 이런 상황을 매우 불쾌해했다. 한국전쟁이 휴전됨과 동시에 덜레스는 20여 개국의 미국 대사관에 전보를 보내 해당 국가가 중국 봉쇄에 계속 동참하도록 설득하라고 지시했다. 결국 영국, 프랑스, 일본 등이 미국의 무리한 요구에 굴복해 다시 한번 중국 봉쇄에 나섰다. 실제로 1953년 7월부터 12월까지 서구 국가들의 대중국 수출액은 1.1억 달러를 기록해 같은 해 상반기와 비교하면 5,000만 달러가 감소했음을 알 수 있다.

한국전쟁 내내 미국의 중국 봉쇄는 계속해서 이어졌다. 하지만 이런 시도는 큰 효과를 보지 못하고, 한국전쟁이 끝나자 곧 중국과 서구 국가들의 무역은 회복되었다. 중국의 풍부한 자원과 커다란 시장 때문이기도 하지만, 타국에 대한 봉쇄 자체가 결국 자국에 해가 되고, 무엇보다 인위적인 무역장벽은 영원할 수 없기 때문이다.

# 4
# 식량과 석유라는
# 냉전의 새로운 축

—

제2차 세계대전 후 양대 강국이 된 미국과 소련은 엄혹한 냉전을 시작했다. 이 기간 국제무역은 미소 관계의 척도로 작용했다. 관계가 좋아지면 국제무역도 늘었고, 관계가 나빠지면 치열한 무역전쟁이 벌어졌다. 특히 식량과 석유를 둘러싼 두 나라의 치열한 무역전쟁은 냉전의 승부를 갈랐다.

—

:

## 식량위기를 역으로 이용하다

제2차 세계대전이 끝나자 미국은 전시 경제시스템을 평시 경제시스템으로 신속하게 전환해 황금기를 맞이했다. 그러면서 세계 1위의 경제대국이 되었다. 전 세계 공업생산량의 절반, 수출량의 3분의 1, 금 보유량의 4분의 3을 차지했다. 이뿐 아니라 미국은 매년 막대한 식량을 수출하고, 이를 무기화했다. 미국 국무부 장관과 국가안

보 보좌관을 역임한 헨리 키신저Henry Kissinger의 발언이 이러한 상황을 잘 보여준다.

"만약 석유를 통제하면 모든 국가를 통제할 수 있고, 식량을 통제하면 모든 사람을 통제할 수 있다."

소련도 부지런히 미국을 쫓아가며 전성기를 구가했다. 1970년 대가 되면 정국이 안정되고 경제가 고속 성장해 초강대국으로 불리기에 부족함이 없었다. 미국과의 군비경쟁도 순조롭고, 국민의 생활수준도 향상되었다. 하지만 바로 이 시기에 소련은 심각한 식량위기를 겪었다.

20세기 초까지만 해도 러시아는 전 세계 식량수출량의 45퍼센트를 차지할 정도로 식량대국이었다. 하지만 스탈린이 집단농장과 국영농장을 만들어 토지, 생산도구, 가축을 강제적으로 공유화하고 군수산업과 중공업 중심의 경제체제를 구축하면서 농업생산력이 급속히 떨어졌다.

집단농장을 집중적으로 추진한 1928년부터 1933년까지 소련의 소는 3,070만 마리에서 1,960만 마리로, 양은 1억 마리에서 5,000만 마리로, 말은 3,350만 마리에서 1,660만 마리로 극감했다. 자연스레 식량생산량이 매년 줄어, 1960년대부터 다시 농업에 투자를 확대하지만, 제2차 세계대전 직전 생산량의 절반에도 미치지 못했다. 겉으로는 우유와 버터 등의 생산량이 곧 미국을 넘어설

**소련의 선전용 포스터**  1978년 만들어진 것으로 "조국에 빵을!"이라는 문구가 눈에 띈다. 당시 소련은 실제로는 극심한 식량위기를 겪으면서도 겉으로는 풍년이 계속되는 것처럼 선전해 미국을 속였다.

것이라고 선전하면서, 뒤로는 미국과 캐나다에서 대량의 식량을 수입해야 했다. 1970년대가 되면 아예 식량부족을 공개적으로 인정하고 증산을 위한 다양한 정책을 시행하지만, 한 번 떨어진 식량생산량은 쉽게 오르지 않았다. 이렇게 식량은 소련의 아킬레스건이 되었다.

특히 1972년은 소련에 매우 힘든 해였다. 흉년으로 전에 없던 규모의 식량위기가 발생했기 때문이다. 어쩔 수 없이 미국에서 대량의 식량을 수입해야 했다. 당시 미국은 세계 주요 식량대국들과 연합해 국제적인 독점조직을 만들고, 가격을 올리거나 수출량을 조정하는 등의 방법으로 식량을 무기화했다. 소련으로서는 영 껄끄러운 거래였다.

소련의 식량위기 소식을 들은 미국은 그 진위를 파악하는 데 진력했다. 이에 소련은 제2차 세계대전 이후 최대의 풍년이라는 거짓 정보로 대응했다. 미국이 이를 곧이곧대로 믿은 건 아니지만, 이상하게도 위성으로 들여다본 소련의 경작지는 바람에 살랑거리는 황금빛 밀로 가득했다. 소련에 침투한 첩자들도 풍년에 기뻐하는 사람들의 모습을 보고했다. 당시 미국이 파악하지 못한 진실은 이렇다. 추수를 앞둔 소련의 밀은 겉으로 보기에는 그럴듯하나 사실 속이 제대로 여물지 않아 실제 생산량은 극히 낮았다.

당시 미국은 소련이 대량의 식량을 수입할 것으로 보고 재고를 쌓아놓고 있었다. 그런데 소련이 풍년을 맞았다는 소식이 들려오자 시장이 요동치기 시작했다. 수요가 사라지자 곡물가격이 하락하고, 상인들은 조금이라도 손해를 보전하기 위해 재고를 방출했다. 이러한 사태를 예측한 소련은 이미 평범한 무역업자로 위장한 첩자들을 파견해놓은 상태였다. 그들은 비밀리에 상인들과 접촉해 밀, 보리, 옥수수, 귀리, 호밀, 콩 등 온갖 곡물을 헐값에 대량으로 사들이기 시작했다.

이 와중에 미국은 소련과 7억 5,000만 달러 규모의 스탠바이협약*을 맺었다. 협약의 내용을 살펴보면, 일단 소련은 3년 내 해당 금액만큼의 미국 곡물을 사기로 하고, 미국은 수시로 5억 달러의 차관을 제공하기로 했다. 쉽게 말해 소련이 미국 돈으로 미국 곡물을 사게 된 것인데, 미국으로서는 폭락한 곡물가격을 안정화하려는 고육지책이었다.

수확의 계절을 맞아 진실이 드러났다. 미국은 분노하는 동시에 난감해할 수밖에 없었다. 비슷한 일이 1977년에도 일어났다. 소련이 다시 한번 엄청난 풍년을 맞았다고 떠들자, 이번에는 미국 농무부가 직접 시찰단을 보냈다. 그들은 밀의 상태가 모두 양호하다고 결론 내렸다. 하지만 이는 소련의 조작으로 가장 좋은 밀만 모아놓고 보여주었던 것이다. 이번에도 미국 곡물시장이 요동치자 소련은 손쉽게 대량의 곡물을 빼돌려 눈앞에 닥친 식량위기를 해결하는 데 성공했다.

:

## '역오일쇼크'라는 곰덫

자존심에 큰 상처를 입은 미국은 곧바로 반격을 준비했다. 석유와 식량을 연계해 치명적인 '곰덫'을 놓은 것이다. 소련은 시베리아의 풍부한 석유를 수출해 번 달러로 식량을 수입하는 순환 속에서 성장했다. '석유-달러-식량'의 고리 중 어느 한 곳에라도 문제가 생기면 전체가 무너질 수밖에 없었다.

소련이 석유를 바탕으로 안정적으로 성장한 데는 1970년대 오

---

• 협약국 간에 무역적자가 발생해 이를 보전할 재원이 필요할 때를 대비해 추가적인 협의 없이 바로 사용할 수 있는 재원을 미리 마련해놓는 협약이다.

**1970년대 말 소련의 풍경** 당시 소련은 석유를 팔아 막대한 달러를 벌어들였다. 이를 가지고 식량과 가전제품 등을 수입해 인민의 생활수준을 끌어올렸다.

일쇼크의 영향이 컸다. 1970년 이전까지는 석유생산량도 적고 채굴기술도 낙후해 수입에 의존했다. 반면 미국은 대표적인 석유수출국으로, COCOM을 이용해 석유와 관련 제품의 소련 수출을 제한했다. 그런데 시베리아에서 대규모 유전이 발견되고 오일쇼크로 석유가격이 급등하자, 소련은 세계 제일의 산유국이 되었다.

이 시기는 가히 소련의 전성기였다. 석유가 엄청난 이익을 가져다주자 소련은 1970년부터 1986년까지 석유와 천연가스에 대한 투자를 두 배 높였다. 당시 시베리아의 석유에 1루블을 투자하면 3년 후에 30~40루블의 이윤을 회수할 수 있을 정도였다. 하지만 석유에만 의존한 번영은 경제체제의 비효율성과 경직성을 강화했다. 석유수출로 막대한 달러를 벌어들이자 소련은 경제시스템을 개혁할 필요성을 느끼지 못했다. 경제는 알아서 잘 굴러가고, 국민의 생활수준도 향상되는 듯 보였다.

물론 당시 소련인들도 석유가격이 무한정 오르리라고 믿지는 않았다. 다만 어느 정도 오른 후에는 안정적으로 유지될 것으로 보았다. 석유가 상당 기간 마르지 않는 샘물처럼 달러를 가져다준 덕에 소련은 낙관적인 기대감에 깊이 빠져 있었다.

상황은 1981년 로널드 레이건Ronald Reagan이 미국 대통령으로 취임하면서 달라지기 시작했다. 레이건은 전통적인 대소련 정책에 불만을 품고 새로운 관점을 제시했다.

> "미국은 줄곧 게임의 규칙을 준수해왔고, 그 범위를 벗어난 적이 없다. 하지만 이런 평범한 수단으로는 냉전에서 승리할 수 없다. 따라서 단점을 최소화할 필요가 있다."

레이건은 기세등등하게 세 가지 방안을 제시했다. 첫째, 시장 회복, 정부규제 완화, 민영화 등의 카드로 '신보수주의' 바람을 일으켰다. 둘째, '우주전쟁'이라는 새로운 차원의 군비경쟁을 시작했다. 셋째, 소련이 달러를 벌어들이는 시장을 집중적으로 공략했다. 당연히 석유가 주요 목표가 되었다.

앞서 설명했듯이 소련은 석유수출과 식량수입의 두 축으로 국가를 운영했다. 그리고 오일쇼크는 소련 경제에 날개를 달아주었다. 그런데 소련은 치명적인 약점이 있었다. 석유시장에서 가격결정권이 없었던 것이다. 1980년대 석유가격에 영향을 미칠 수 있는 나라는 사우디아라비아뿐이었다. 사우디아라비아는 전 세계 석유 매장량의 4분의 1에 해당하는 1,700억 배럴을 땅 밑에 두고 있고, 게다가 신속하게 생산량을 늘릴 수 있는 생산능력도 갖추고 있었다. 소련의 석유 매장량도 꽤 많지만, 지리적으로 채굴하기 어려워 채산성이 좋지 않았다. 그런데 소련은 오일쇼크 기간에 석유생산량을 제한해 가격을 높이자는 석유수출국기구Organization of the Petroleum Exporting Countries, OPEC의 제안을 거절하고 대폭 증산을 꾀했다.

반대로 OPEC 의장국 사우디아라비아는 석유수출을 줄여 가격을 올리려고 했다. 이때 미국이 사우디아라비아를 찾아갔다. 미국 중앙정보국Central Intelligence Agency, CIA 국장 윌리엄 케이시William Casey는 석유생산량을 대폭 늘려 석유가격을 내리자는 '역오일쇼크'를 제안했다. 미국은 그 보답으로 첨단무기를 판매하고 중동에서의 안전을 보장해주기로 했다.

사우디아라비아는 미국의 뜻을 따랐다. 1985년 8월 석유를 둘러싸고 한 차례의 무역전쟁이 벌어졌다. 사우디아라비아가 하루 석유수출량을 200만 배럴에서 900만 배럴로 늘리자 다른 산유국들도 수출량을 늘렸다. 이렇게 대량의 석유가 시장에 공급되자 가격이 1배럴당 30달러에서 10달러로 급락했다.

여기에 더해 미국은 일부러 석유의 수요를 줄여 하루 14만 5,000배럴만 수입했다. 심지어 전략비축용 석유를 풀어버리기까지 했다. 이는 미국에 전혀 어려운 일이 아니었다. 이미 1970년대에 관련 계획을 수립했기 때문이다. 유럽 국가들과 일본도 미국과 행동을 함께했다.

석유가격이 내려가자 소련은 위기를 직감했다. 무역전쟁의 책임을 물어 사우디아라비아를 연일 비난했다. 하지만 이미 때는 늦었다. 석유가격 폭락의 영향이 곧 나타나기 시작했다.

∶

## 소련이 무너지다

석유가격이 막 하락하기 시작했을 때 소련은 그저 달러를 조금 적게 벌 뿐이었다. 소련에서 이런 상황이 대외무역과 금융시스템에 재난을 초래할 것으로 예측한 사람은 아무도 없었다. 오히려 많은 사람이 석유가격의 회복을 예상했다. 하지만 이후 벌어진 파국은 이런 생각이 얼마나 순진했는지 보여준다.

당시 소련이 벌어들인 달러의 70퍼센트가 석유와 천연가스를 수출하는 데서 나왔다. 이 달러로 식량, 생필품, 각종 공업설비를 수입했다. 그런데 석유가격이 급락하자 수입이 채굴원가에도 미치지 못하게 되었다. 수입이 떨어지는 수준이 아니라, 오히려 손해를 보게 된 것이다. 당연히 서양에서 선진 기술과 설비, 식량과 생필품을 수입하기 힘들어지고, 베트남, 쿠바 같은 공산권 국가에 경제적·군사적 원조를 제공하는 것은 꿈도 꾸지 못하게 되었다.

1986년 고르바초프가 막 소련의 정권을 잡고 야심 차게 정치적·경제적 개혁을 추진하나, 위기를 뛰어넘기에는 역부족이었다. 석유가

**고르바초프(오른쪽)와 레이건**　미국과 소련은 1986년 아이슬란드에서 정상회담을 개최했다. 당시 소련의 정권을 잡은 고르바초프는 정치적·경제적 개혁에 필사적이었다. 하지만 이미 물이 엎질러진 후였다.

격의 폭락은 소련의 재정과 생활수준에 심각한 위기를 초래했다. 우유, 육류, 식용유, 설탕 등이 부족해져 소련인들은 가게 앞에 두세 시간씩 줄을 서야만 했다. 공장들이 가동을 멈추고, 각종 공업프로그램이 중단되었다. 달러가 없어 탄광, 유정 등에서 바로 사용해야할 장비들을 구하지 못해 발만 동동 굴렀다.

　엎친 데 덮친 격으로 1989년부터 2년간 전 세계가 흉년을 겪었다. 그러면서 곡물, 특히 밀의 가격이 급등했다. 670억 달러의 부채에 시달리던 소련은 추가로 빚을 질 수 없어 결국 식량수입이 전면 중단되기에 이르렀다. 소련인들에게 재앙과 같은 일이었다. 어느 소련인의 증언에서 참혹했던 당시 상황을 엿볼 수 있다.

> "이미 경화硬貨와 차관으로 빵을 수입하고 있었다. 그런데 신용
> 이 더 떨어진 것이다. 시골에도 빵이 없다. 차를 몰고 모스크바
> 곳곳을 돌아다녀 보지만, 가게의 진열대는 텅 비어 있다."

1991년 소련에 마지막 일격이 가해졌다. 미국은 전략비축용 석
유를 추가로 풀고, 사우디아라비아는 하루 석유생산량을 세 배 올
렸다. 소련은 열세 번째 5개년계획(1991~95)을 내놓으며 5억 8,000
만 톤의 석유를 안정적으로 생산해 100억 루블을 마련하겠다고 발
표하나 이를 믿는 사람은 없었다. 민심이 동요했다.

마지막 순간 소련은 값을 치른 물자의 운송비를 내지 못할 정도
가 되었다. 말 그대로 파산 직전이었다. 국민의 원성이 하늘을 찔렀
다. 굶주린 사람들이 분분히 거리로 나와 시위를 벌였다. 이에 대응
할 공권력은 마비된 상태였다. 경찰과 군인조차 급료와 보급품을
제때 받지 못하고 있었다. 그렇게 소련은 해체되고 말았다.

이 시기의 역사를 되돌아보면 식량과 석유를 활용한 미국의 전술
이 효과를 발휘했음을 알 수 있다. 미국이 계획한 무역전쟁은 소련
을 빚더미에 올라앉게 한 직접적 원인이 되었다. 그렇다고 미국 탓
만 할 수는 없다. 중공업과 군수산업에 과도하게 의존한 소련의 기
형적 경제구조가 식량위기를 초래하고, 그 위기가 파국의 씨앗이
되었음을 잊지 말아야 한다.

# 5
# 일본의 굴기와
# 미국의 반격

—

미국과 일본의 무역전쟁은 1960년대에 시작되어 1970년대에 격화되고 1980년대에 최고조에 이르렀다. 처음에는 면방직, 완구, 철강 등이 문제가 되지만, 일본의 산업구조가 변화하면서 반도체, 자동차, 통신설비 같은 기술집약적 제품을 둘러싸고 갈등했다. 무역전쟁의 주요 전장이 첨단기술산업으로 확대되자 미국의 무기 또한 한 단계 업그레이드되었다. 바로 '플라자합의'와 '301조'다.

—

:

## 미국이 녹슬다

일본 경제는 1955년 이후 비약적으로 발전했다.* 1960년대부터 1970년대까지 일본 산업은 연평균 16퍼센트, GDP는 11.3퍼센트 성장했다. 1968년 일본은 미국 다음가는 경제대국이 되어 미국을 위협하기에 이르렀다.

흔히 두 나라의 경제적 충돌은 1960~70년대에 시작된다고 보지만, 사실 그 역사는 더 오래되었다. 최초의 충돌은 '1달러 셔츠 사건'으로 1955년의 일이었다. 당시 뉴욕의 몇몇 상인이 일본산 셔츠를 1달러에 판매했다.** 값싼 물건을 싫어하는 사람이 어디 있겠는가. 1달러 셔츠는 불티나듯 팔려나갔다. 그러자 미국 방직업계가 크게 반발하는데, 시작은 1달러 셔츠지만, 근본적으로 당시 일본산 방직물이 미국 방직물시장을 60퍼센트 가까이 점유하고 있었기 때문이다. 결국 미국의 압박으로 일본 방직업계는 1956년 1월 수출자율규제를 실행해야 했다.

방직업계의 약세가 예상되자 일본은 중공업 중심으로 산업구조를 재편하기 시작했다. 실제로 1960년대 말이 되면 철강이 주력 수출품으로 떠오르고, 1970년대가 되면 일본의 질 좋고 값싼 전자제품이 전 세계를 점령했다. 1969년 미국이 수입한 철강 중 42퍼센트가 일본산이었다. 1980년대 초가 되자 미국의 대일 무역적자는 500억 달러로 급증했다. 그 사이 미국의 제조업계는 고통스러운 시간을 보냈다. 특히 공장이 몰려 있는 미국 중서부와 동북부는 문을

---

• 1947년 냉전이 격화되고 중화인민공화국, 즉 지금의 중국이 탄생하자 미국은 패권을 지키기 위해 일본을 파트너로 삼았다. 그런 이유로 일본에 대한 정책기조를 제재에서 회복으로 바꾼다. 그 주요 내용은 원조, 차관, 직접투자, 기술이전이었다. 미국의 자본과 기술을 대규모로 제공받은 일본 경제는 곧 빠르게 회복했다.

•• 일본은 한국전쟁이 끝나자 수요가 급감하고 재고가 폭증하는 경제위기를 겪게 되었다. 특히 1953년부터 방직물 재고가 지나치게 쌓이기 시작했다. 일본은 관련 제품을 미국에 덤핑해 문제를 해결하는데, 이는 수년간 두 나라 사이에 갈등의 씨앗이 되었다.

**1970년대 일본의 여공들** 제2차 세계대전에서 패배한 일본은 이후 경제를 복구하는 데 매진했다. 여기에 미국의 지원이 더해져 경제가 비약적으로 발전했다. 1960년대 말이 되자 세계 최대의 텔레비전 생산국이자 수출국으로 발돋움했다.

닫거나 일이 없어 기계에 '녹綠'이 슬었다는 자조적 의미의 '러스트 벨트Rust Belt'라는 별명을 얻었다. 이곳의 실업률은 전국 평균의 두 배를 넘어섰다. 특히 큰 피해를 본 것이 바로 자동차회사들이었다.

일본은 1970년대부터 미국에 자동차를 수출하기 시작했는데, 처음에는 수량이 얼마 되지 않아 미국은 크게 신경 쓰지 않았다. 그런데 오일쇼크 이후 상황이 급변하기 시작했다. 일본 자동차는 엔진출력이 낮고 차체가 작아 굉장히 경제적이고 도시에서 사용하는 데 적합했다. 1970년대 말에서 1980년대 초까지 미국에서 '소형차 붐'이 일자 일본 자동차가 주목받는 것은 당연한 일이었다.

1976년과 1977년 일본의 대미 자동차수출은 전년 대비 각각 47.6퍼센트와 27.4퍼센트 늘었다. 1980년 1월 일본은 700만 대의 자동차를 수출해 세계 제일의 자동차수출국이 되는데, 그중 미국에만 192만 대를 수출했다. 이는 미국 자동차시장을 22퍼센트 가까이 점유한 것으로, 1980년대가 되자 미국 자동차시장의 3분의 2가 일본 자동차로 채워졌다.

일본 자동차가 승승장구할 때 미국 자동차는 패배를 거듭했다. 1950년 미국은 전 세계 자동차의 81.5퍼센트에 해당하는 666만 5,800대의 자동차를 생산하며 관련 산업의 절대적인 패자가 되었다. 하지만 1980년대가 되면 상황이 완전히 뒤바뀌어 전 세계 자동차의 26퍼센트만 미국에서 만들어졌다. 패자의 자리는 일본 자동차가 차지했다. 1991년 미국 자동차산업의 대일 무역적자는 278억 2,000만 달러에 달했다.

일본 자동차가 시장점유율을 급격히 늘리자 미국은 충격에 빠졌다. 미국의 많은 자동차회사가 파산하고, '빅 쓰리Big Three' 회사인 제너럴 모터스, 포드, 크라이슬러도 대규모 적자를 면치 못했다. 자동차산업 종사자 중 20만 명이 순식간에 실업자가 되었다. 상황이 이렇게 되자 일본 자동차의 수입제한을 요구하는 목소리가 커지기 시작했다.

미국 자동차산업의 재건을 공약으로 내세운 레이건이 1981년 대통령에 취임했다. 그는 자신의 공약을 이행하기 위해 일본 정부에 세 가지를 강력하게 요구했는데, 첫째, 일본 자동차 수출자율규제, 둘째, 일본 자동차의 미국 생산, 셋째, 일본 자동차시장 개방이었다.

일본은 미국의 요구를 모두 받아들였다. 우선 1981년부터 1983

년까지는 매년 168만 대 이하만, 1984년 4월부터는 185만 대 이하만 미국에 수출하기로 했다. 자연스레 혼다, 닛산, 도요타 등 일본 자동차회사가 미국에 공장을 짓기 시작했다. 현지에서 만들어 팔면 수출자율규제를 피할 수 있었기 때문이다.

그런데도 일본 자동차의 강세는 멈출 줄 몰랐다. 1990년 미국의 대일 무역적자는 410억 달러인데, 그중 75퍼센트가 자동차와 관련 부품을 수입하느라 생긴 것이었다. 1994년에는 그 비중이 60퍼센트로 떨어지나 여전히 과반인 점에서 일본 자동차의 경쟁력이 얼마나 높았는지 확인할 수 있다.

●

## '플라자합의'와 '301조'의 위력

이처럼 미국은 1970~80년대 일본을 상대로 무역전쟁을 일으키고도 재정적자와 무역적자가 동시에 발생한 상황을 타개하지 못했다. 게다가 1980년대 초 심각한 인플레이션이 미국을 덮쳤다. 그 직전인 1979년의 인플레이션율이 이미 13퍼센트를 기록했다. 결국 미국 연방준비제도●●●가 나서 통화량을 줄이고 금리를 인상해 인플레이션에 대항했다. 그러자 고금리혜택을 누리려는 외국 자본이 대량

---

●●● 미국의 중앙은행에 해당한다. 미국은 다른 나라와 달리 중앙은행이 없고 그 역할을 대신하는 민간 소유의 연방준비제도가 있다. '제도'라 해 무형의 법이나 체계 등이 아니고 기구 이름이 특이할 뿐이다. 구조가 매우 복잡한데, 연방준비제도이사회, 연방공개시장위원회, 연방준비은행이 핵심이다.

으로 유입되어 달러 가치가 크게 상승했다. 1980년부터 1985년까지 달러 가치는 엔, 마르크, 프랑, 파운드에 대해 50퍼센트 가까이 올랐다. 달러 가치가 오르자 미국은 수출에 어려움을 겪게 되고, 가뜩이나 취약한 제조업이 그 부담을 그대로 떠안게 되었다. 결국 거액의 무역적자가 발생했다.

경제가 나빠지자 각계각층의 이익집단이 레이건에게 외환시장에 개입할 것을 요구했다. 결국 미국은 주요 통상국에 압박을 가하기로 하는데, 일본이 본보기가 되었다. 이렇게 해서 1985년 9월 22일 미국, 일본, 서독, 프랑스, 영국 등 5개국의 재무장관과 중앙은행장이 뉴욕 플라자호텔에 모여 회의를 열었다. 이 회의에서 5개국은 미국이 심각한 무역적자를 해결할 수 있도록 외환시장에 동시에 개입해 달러를 질서 있게 평가절하하기로 합의했다. 이것이 유명한 플라자합의다.

플라자합의는 5개국이 미국의 심각한 국제수지 불균형을 해결하기 위해 상호 협력한 결과지만, 그중 가장 크게 타격받은 나라는 일본이었다. 플라자합의로 가장 먼저 엔화의 가치가 상승하기 시작했다. 이는 일본 경제에 직접적인 영향을 미치는데, 무엇보다 수출이 줄어들었다. 1985년 일본의 수출액은 4조 2,000억 엔인데, 플라자합의 후 엔화의 급속한 평가절상으로 1986년 수출액은 3조 5,000억 엔으로 떨어졌다. 일본의 해외 직접투자도 막대한 손실을 보았다. 플라자합의 전 일본 기업들은 대미 무역흑자로 벌어들인 대량의 달러를 미국 국채나 외국 기업 주식 등을 사는 데 썼다. 이렇

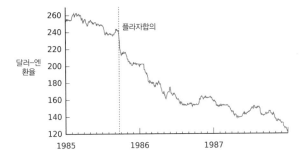

**플라자합의와 달러-엔 환율** 플라자합의 후 달러-엔 환율이 폭락하는 것을 볼 수 있다. 이렇게 엔의 가치가 급등하자 일본은 수출에 어려움을 겪기 시작한다.

게 쓴 달러만 1985년 기준 2,000억 달러였다. 하지만 플라자합의 후 1987년 말이 되면 엔화 가치가 달러에 대해 50퍼센트 가까이 올라 그만큼 해외 자산의 가치도 떨어지고 말았다. 이렇게 되자 일본 기업들은 투자여력을 상실해, 해외는 물론이고 일본 국내에도 투자하지 않게 되었다. 결국 일본은 불경기에 접어들고, GDP 성장률은 1985년 4.4퍼센트에서 1986년 2.9퍼센트로 하락했다.

일본 경제에 타격을 가한 플라자합의는 미국이 자유무역에서 보호무역으로 방향을 틀었음을 보여주는 증거다. 이 합의만큼이나 일본을 괴롭힌 301조도 그러한 변화의 결과물이었다. 301조란 미국이 무역확장법(1962), 무역개혁법(1974), 무역협정법(1979), 무역과 관세법(1984), 종합무역 및 경쟁법(1988) 등을 거쳐 완성한 통상법으로 자국 무역의 '보호'가 목적이었다. 301조는 미국의 손해가 예상될 때 대통령과 행정부가 의회의 비준을 받지 않고도 곧장 반격할 수 있도록 했다. 일단 발동되면 무제한에 가까운 권한으로 WTO를 포함한 모든 경제주체의 규칙(법, 조약, 협약 등)을 가뿐히 뛰어넘었다.

일본과 무역전쟁을 치르며 미국은 여러 차례 보호무역을 강화하는 조치를 취했다. 특히 301조로 큰 효과를 보는데, 1970년대부터 1980년대까지 일본에 스물네 번이나 적용했다. 이로써 일본은 수출자율규제를 실행하고, 시장을 개방하며, 해외 직접투자를 제고提高하기로 했다.

일본에 301조를 적용해 무역전쟁을 전개한 가장 대표적인 사례가 반도체산업 조사다. 1980년대는 일본 반도체산업의 최고 전성기였다. 1989년 일본 반도체는 국제시장의 53퍼센트를 점유하는데, 당시 미국은 37퍼센트에 그쳤다. 1990년 일본 반도체기업 여섯 곳이 시장점유율 기준 전 세계에서 열 손가락 안에 드는 쾌거를 이루는데, 순위를 20위까지 늘려도 일본 반도체기업이 절반이나 되었다. 일본 반도체산업의 눈부신 성과에 미국은 경악했다. 1985년 미국 반도체산업협회가 일본 반도체기업들을 반덤핑법, 트러스트 금지법, 301조 등을 위반한 혐의로 제소했다. 미국 법원이 이를 받아들여 일본 반도체산업 조사가 본격적으로 시작되었다.

일본은 또다시 타협을 택했다. 반도체의 수출원가와 가격의 통제를 강화하고 덤핑을 막는 데 동의했다. 또한 1991년까지 일본 시장에서 미국 제품의 점유율을 20퍼센트까지 높인다는 비밀협정까지 맺었다. 그제야 조사가 멈추지만, 일본 반도체산업은 점차 힘을 잃어갔다.

정말 301조는 무소불위의 힘을 가졌을까. 일본은 어째서 약한 모습을 보일 수밖에 없었을까. 사실 이는 당시 일본이 처한 상황과도 관련이 있었다. 제2차 세계대전 후 일본은 경제, 군사, 외교 면에서 미국에 상당 부분 의존하는데, 가전, 방직, 철강, 자동차 등 각종 산업의 핵심 기술도 예외는 아니었다. 이런 이유로 일본은 미국이 일으킨 무역전쟁에서 반격 한 번 제대로 해보지 못하고 양보를 택할 수밖에 없었다.

:

## '잃어버린 10년'의 시작

1988년 토크쇼의 여왕 오프라 윈프리Oprah Winfrey가 42세의 부동산사업가를 인터뷰했다. 카메라 앞에 선 이 젊은 부동산사업가는 미국의 정책을 격렬하게 비판했다.

> "일본이 미국 시장에 들어와 상품을 판매할 모든 권리를 주었다. 일본은 자동차를 팔고, 캠코더를 팔면서 미국 기업들을 무너뜨렸다."

이 부동산사업가가 바로 미국의 45대 대통령 도널드 트럼프Donald Trump다.

사실상 미국은 여태껏 무역전쟁의 무기를 내려놓은 적이 없다.

1980년대 미국과 일본은 일본의 반도체시장과 농산물시장의 개방, 군사협력 등을 둘러싸고 격렬한 신경전을 벌였다. 미국은 플라자합의로 일본을 압박하고, 301조를 동원해 여러 차례 공격했다. 트럼프가 토크쇼에 나와 자국의 정책을 강하게 비판하고 있을 때 이미 일본 경제는 왜곡되고 있었다.

플라자합의 후 5년간 당시 세계 3대 준비통화(대외지급을 대비해 보유한 기축통화)였던 엔화의 가치는 매년 5퍼센트 이상 상승했다. 엔화의 가치가 대폭 오르자 일본은 1986년 '확장적 재정정책'을 채택, 내수를 확대하는 데 집중했다. 우선 일본 중앙은행이 1986년 5퍼센트였던 기준금리를 네 차례에 걸쳐 3퍼센트까지 내렸다. 1987년 2월 기준금리는 역사적으로 가장 낮은 2.5퍼센트까지 내려갔다. 이와 동시에 막대한 자금을 시장에 풀었다. 이러한 자금이 증시와 부동산 등으로 흘러 들어가자, 일본 경제는 점차 거품에 휩싸이기 시작했다.

초저금리와 고삐 풀린 자금은 투기를 낳았다. 가장 먼저 주가가 폭등했다. 당시 어떠한 일본인도 주가가 하락하리라고 생각하지 않았다. 1989년 말 일본 기업의 주가는 평균 3만 8,915.87엔에 달했는데, 이는 1984년보다 3.68배 높은 수준이었다. 당시 일본 증시의 수익률은 무려 80배에 달했다. 사람들은 주식을 사고, 사고, 또 샀다. 심지어 일본 경제를 관장하는 대장성은 평균주가가 6만 엔에서 8만 엔까지 오를 것이라고 발표하기까지 했다.

지가도 덩달아 폭등했다. 1985년부터 1988년까지 도쿄의 상업

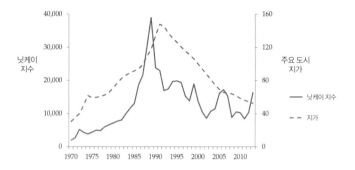

**잃어버린 10년** 1990년을 전후로 닛케이 지수와 주요 도시의 지가가 함께 폭락하는 것을 볼 수 있다. 거품이 터진 것이다. 이렇게 일본은 잃어버린 10년을 맞는다.

용지는 지가가 두 배 올랐다. 1987년 일본 전국의 상업용지와 주택용지의 지가 상승률은 76퍼센트를 넘어섰다. 1989년 말 일본의 토지자산 총액은 약 2조 엔을 기록하는데, 이는 미국보다 네 배 많은 것이었다. 당시 신문들은 도쿄 땅을 다 팔면 미국을 통째로 살 수 있다는 기사를 싣기도 했다. 실제로 일본인들은 적극적으로 미국 부동산을 사 모았다. 뉴욕의 상징적인 건물들도 예외는 아니었다. 1986년 일본 제일의 부동산회사가 기록적인 가격으로 티파니빌딩을 사고, 1989년 미쓰비시가 록펠러센터를 샀다.

당시 많은 미국인이 일본의 '미국 사기buy america'에 경악했다. 《뉴욕 타임스》는 일본이 언젠가 자유의여신상까지 살 것이라는 근심 어린 논평을 게재하기도 했다. 미국 반응이야 어떻든 일본은 축제분위기였다. 정치평론가, 경제학자들은 한결같이 일본은 미국의 뒤를 이어 세계 제일의 경제대국이자 패권국이 될 것이라고 호언장담했다. 하지만 '일본의 시대'는 오지 않았다.

1989년 12월 29일 닛케이 지수가 역사상 최후의 고점인 3만 8,967.44포인트를 기록했다. 일본인들은 득의양양하게 내년에는 5만 포인트까지 오를 것이라고 떠들어댔다. 바로 그때 거품이 터졌다. 증시와 지가라는 일본의 두 날개가 모두 꺾였다. 일본 전역은 순식간에 공황상태가 되었다. 수많은 개인과 회사가 파산했다. 증시와 부동산에 막대한 자금이 묶인 탓에 대출을 갚을 수 없었기 때문이다. 그 결과 몇몇 대형 은행이 문을 닫았다. 1990년대 내내 일본 경제는 침체와 불황, 심각한 금융위기를 겪었다. 이것이 바로 일본의 '잃어버린 10년'이다.

다시 미국과 일본의 무역전쟁에서부터 일본 경제의 거품이 터지기까지의 과정을 되짚어보자. 날로 확대되는 대일 무역적자를 해결하기 위해 미국은 다양한 수단을 동원, 엔화의 가치를 크게 높였다. 일본은 엔화의 평가절상이 수출에 미치는 충격을 상쇄하기 위해 금리를 낮추고 통화를 풀어 내수진작을 꾀했다. 이것이 결국 일본 경제에 거품을 만들어 막대한 손실을 입혔다.

역설적이게도 오늘날 미국의 대일 무역적자는 700억 달러에 이른다. 20년 가까이 격렬히 무역전쟁을 벌였는데도 미국은 대일 무역적자를 여전히 줄이지 못하고, 단지 일본만을 '해결'했을 뿐이다.

# 6

# 바나나와 철강을 놓고 다툰
# 미국과 EU

—

1990년대 이후 미국과 EU는 수차례 무역전쟁을 치렀다. 냉전을 이유로 제쳐
두었던 여러 경제적 모순이 충돌했기 때문이다. 미국과 EU의 무역전쟁은 그
양상이 매우 복잡했다. 금융전쟁과 무역전쟁이 뒤섞이고, 반덤핑, 반보조금,
수입할당, 수입허가 등 각종 비관세장벽을 세우고, WTO의 규정을 최대한 활
용했다. 이처럼 치열하게 무역전쟁을 벌인 미국과 EU는 특히 바나나와 철강
을 놓고 제대로 맞붙었다.

—

:

## 미국이 바나나에 예민한 이유

1993년 미국과 EU 사이에 새로운 무역전쟁이 발발했다. 갈등의 불
씨는 엉뚱하게도 바나나였다. 당시 세계에서 바나나를 가장 많이
소비한 EU는 과거 유럽 국가들의 식민지였던 개발도상국들의 바

나나를 최우선으로 수입하고, 나머지 국가들에는 수입허가제와 수입할당제 등을 적용하기로 했다. 이것이 바로 '바나나수입 404/93호 규정'인데, EU는 이를 개발도상국에 대한 일종의 원조로 여겼다. 하지만 미국은 이러한 조치에 강력히 반발하고 EU를 WTO에 제소했다. 이렇게 무역전쟁의 서막이 올랐다.

그런데 미국은 바나나를 많이 생산하는 국가도 아닌데, 왜 바나나 때문에 EU와 무역전쟁을 벌였을까. 첫째, 바나나무역이 미국 기업의 이익과 직결되었기 때문이다. 당시 바나나를 대량으로 생산해 수출하는 국가들은 중남미에 몰려 있었다. 무역전쟁이 벌어지기 전까지만 해도 EU가 소비하는 바나나의 70퍼센트는 이들 국가에서 수입한 것이었다. 정확한 수량은 연간 400만 톤으로, 전체 50억 달러 규모에 그 이윤만 10억 달러에 달했다. 바로 이 노다지를 장악한 게 미국 기업인 치키타CHIQUITA와 돌DOLE이었다. 그런데 EU가 중남미 국가들에서의 바나나수입에 제한을 가하자 두 회사는 시장 점유율이 반 토막 나는 등 큰 손해를 보았다. 이처럼 바나나무역에서 미국은 사실 가장 큰 이해관계를 지녔다.

둘째, 미국의 중남미 관리라는 정치적 이익과 직결되었기 때문이다. 당시 중남미 국가들은 EU에 바나나를 팔아 번 돈으로 많은 미국 제품을 수입했다. 그런데 이런 순환이 불가능해지면 미국 제품을 수입하지 못하게 될뿐더러, 당장 경제가 어려워져 실업률과 범죄율이 증가할 터였다. 그러면 무엇보다 미국으로의 (불법)이민자가 늘 것이 뻔했다. 미국으로서는 피하고 싶은 결과였다.

**코스타리카의 바나나농장**  치키타 소유의 바나나농장이다. 미국 기업인 치키타와 돌은 중남미 국가들에 막대한 바나나농장을 운영하고 있다. 이는 미국에 경제적 이익을 보장하는 동시에 중남미 국가들을 '관리'하는 정치적 이익을 보장한다.

결국 미국은 1996년 에콰도르, 과테말라, 온두라스, 멕시코, 파나마 등 중남미 국가들과 연합해 EU를 WTO에 제소했다. 미국과 EU는 중남미 국가들이 생산한 바나나와 한때 식민지였던 국가들이 생산한 바나나를 같이 볼 것인지, 다르게 볼 것인지를 놓고 첨예하게 대립했다.

1995년 10월 4일 미국, 과테말라, 온두라스, 멕시코가 EU와 협상을 진행하나 실패했다. 결국 1996년 4월 11일 미국과 중남미 국가들은 WTO에 분쟁해결기구Dispute Settlement Body, DSB 개최를 요구, EU의 규정이 잘못되었다는 판결을 받아냈다. 당시 DSB의 판결 일부를 인용하면 이렇다.

"원산지가 다르다는 이유로 상품을 차별하는 것을 금하고, 국가

마다 다른 규정과 절차를 적용하는 것을 금한다. 그리고 EU의
조치는 상품과 국가를 모두 차별한 행위로 분명히 (WTO) 협정
에 부합하지 않는다."

DSB는 EU에 1999년 1월 1일까지 규정을 수정하라고 요구했
다. EU는 항소하며 과연 미국이 이 문제를 WTO에 제소할 자격이
있는지를 묻지만 기각되었다.

이후 EU는 DSB의 판결이 과연 올바른지를 따지는 쪽으로 전
략을 바꾸었다. 이는 굉장히 어렵고 복잡한 과정을 거쳐야 하는
데, 한편으로는 규정의 합법성을 변호하고, 다른 한편으로는 WTO
의 '분쟁해결 규칙과 절차에 관한 양해Understanding on Rules and
Procedures Governing the Settlement of Disputes, DSU' 조항들을
따져 DSB가 잘못 해석하거나 적용한 것이 있는지를 찾아내야 했
다. 이렇게 해서 DSB의 판결이행을 늦추는 동시에, 미국이 301조
를 발동해 가하는 무역보복에 신속하고 효과적으로 반격했다.

이처럼 무역전쟁은 WTO의 테두리 안에서 굉장히 오랜 계속되
었다. 당사국들은 DSU의 모든 조항을 끌어와 이용하고, 심지어 아
직 규정되지도 않은 각종 규칙과 절차를 적용하려고까지 했다.

미국도 가만히 있지는 않았다. 우선 WTO의 각종 조항을 검토해
EU가 규정의 합법성을 변호할 때마다 적절히 반박했다. 그다음 미
국 국내의 정치적 압력과 WTO 회원국들의 지지를 활용해 301조
를 발동, EU에 각종 무역제재를 가했다. 마지막으로 DSB가 허가한

범위 내에서 네덜란드와 덴마크를 제외한 EU 회원국들에 보복을 가해 되도록 빨리 판결을 이행하도록 압박했다.

:

## 산 넘어 산

1998년 결국 EU는 규정을 수정하고, DSB가 정한 기한인 1991년 1월 1일 새로운 수입할당제를 마련했다. 하지만 미국은 만족하지 못했다. EU가 여전히 상품과 국가를 차별한다고 여긴 미국은 DSB에 재심의를 요청했다. DSB는 미국의 손을 들어주어 1999년에는 미국에, 2000년에는 에콰도르에 EU의 몇몇 상품을 대상으로 보복할 수 있는 권한을 부여했다.

그런데 미국은 재심의가 끝나기도 전인 1999년 3월 이미 301조를 발동해 5억 2,000만 달러 규모의 EU 상품에 100퍼센트의 징벌성 수입관세를 부과했다. 흥미로운 사실은 이 금액이 치키타와 돌이 그해 손해 보았다고 주장한 금액과 똑같았다는 점이다.

당시 EU는 미국과의 무역전쟁에 익숙한 상태였다. 일찍이 1962년 미국과 닭고기를 놓고 한판 겨룬 적이 있기 때문인데, 당시의 경험을 살려 미국의 요구에 무조건 따르는 대신 301조의 합법성 자체를 공격하며 WTO에 이를 심의해달라고 요청하는 등 발 빠르게 대응했다.

301조가 WTO 협정을 위반한다고 판단한 EU는 1999년 DSB에 이 문제를 정식으로 제소했다. 9개월간의 심의를 마친 후 DSB

는 '경미한 위반'이라고 결론 내렸다. 그러면서도 미국의 특수한 체재와 행정시스템을 신중히 고려해야 한다고 강조했다. 전반적으로 굉장히 애매한 판결이었다. 비록 301조가 WTO 협정을 어긴 정황이 확실히 존재하나, 미국이 타국의 이익을 보증하겠다고 약속하는 상황에서, 또 이미 존재하는 법이기에 '명백한 위반'이라고 할 수 없다는 이유였다. 모호한 판결로 상황은 더 복잡해지는데, 미국과 EU 모두 자신이 이겼다고 생각한 것이다.

아무도 양보하지 않자 결국 WTO 사무총장이 중재에 나섰다. 2001년 EU는 미국과 바나나무역에 관한 양해각서를 체결하는데, 수입할당제를 없애고 수입관세만 유지하겠다는 내용이었다. 미국도 각종 보복조치를 철회하기로 했다. 2012년 11월 8일에는 EU와 중남미 10개국이 WTO 본부에 모여 장장 20년간 계속된 무역전쟁의 종식을 알리는 협정에 서명했다.

하지만 평화는 오래가지 못했다. 21세기 초 미국은 EU를 상대로 다시 한번 무역전쟁을 일으켰다. 이번에는 철강이 문제였다. 당시 전 세계적으로 철강이 과잉 생산되어 미국 철강기업들은 경영상의 어려움을 겪고 있었다. 1998년부터 2002년까지 미국 철강기업 중 거의 절반에 해당하는 서른한 개가 파산했다. 곧바로 노동자 수만 명이 직장을 잃었다. 철강업계가 이들에게 지급한 의료보험과 퇴직금만 130억 달러에 달했다.

그러자 2002년 3월 당시 대통령으로 중간선거를 앞둔 조지 부시George W. Bush가 표를 모으고자 통상법 201조•에 따른 긴급수

**새로운 무역전쟁의 시작**  2002년 3월 당시 미국 대통령이던 부시가 '2002년 일자리 창출과 노동자들을 위한 원조법'에 서명하는 모습이다. 부시는 대외적으로는 철강으로 새로운 무역 전쟁을 시작하고, 대내적으로는 관련 업계 노동자들을 위한 법을 집행해 같은 해 11월에 열릴 중간선거에서 유리한 고지를 점하고자 했다.

입제한조치safeguard를 발동해 EU, 일본, 한국 등 8개국의 철강수출에 대한 조사가 시작되었다. 이어 부시는 미국이 수입하는 주요 철강제품에 3년 기한으로 최고 30퍼센트에 달하는 수입관세를 부과하고, 슬래브slab에는 수입허가제까지 적용하도록 했다. 더 나아가 설령 201조를 적용한 8개국이 아니더라도 미국이 원한다면 언제든 조사할 수 있다고 선언해, 철강수출이 증가한 국가들은 무역 전쟁에 휘말릴 수밖에 없었다.

2000년부터 2001년까지 미국은 40억 달러어치의 철강을 수입

---

• 1974년 무역법 201조에 근거해 만들었다. 수입품이 본국 산업에 큰 손해를 입히면 대통령이 관세를 할당하거나 인상할 수 있도록 했다.

하는데, 그중 25퍼센트는 EU에서, 19퍼센트는 캐나다에서, 10퍼센트는 일본에서 수입했다. 브라질, 중국 등 개발도상국에서 수입한 철강은 주로 일차제품이었다. 이번 무역전쟁의 가장 큰 피해자는 EU였다. 당시 EU는 미국에 철강을 가장 많이 수출하고 있었다. 일본, 한국, 중국도 어느 정도 손해를 보았다. 줄곧 자유무역을 외치던 미국은 한순간에 전 세계적인 비난에 시달리게 되었다.

EU, 일본, 한국은 부시가 201조를 발동한 지 사흘 만에 미국을 WTO에 제소했다. 하지만 앞선 사례에서 보았듯이 WTO의 분쟁 해결 과정은 모호한 판결이 나오는 등 결함이 많았고, 판결이 나오기까지 시간이 오래 걸렸다.

따라서 EU는 WTO에 제소하는 것 외에 추가로 보복하겠다고 위협했다. 실제로 유럽위원회European Commission, EC는 회원국들에 미국 제품에 징벌성 수입관세를 부과하라고 요구했다. 2002년 5월 14일 EU는 WTO에 제재대상으로 결정한 미국 제품들의 목록을 정식으로 제출했다. 이를 '쇼트 리스트short list'라고 하는데, 목록 속 제품들의 무역액은 3억 7,800만 유로에 달했다. 대표적으로 주스, 방직물, 철강, 쌀 등이 포함되어 있는데, EU는 이들 제품에 100퍼센트의 징벌성 수입관세를 부과했다. 이 외에도 무역액 6억 600만 유로 규모의 목록을 추가로 만들었다. 이 목록은 추후 제재가 진행될 미국 제품들을 정리한 것으로 '롱 리스트long list'로 불렸다. 이렇게 추가 징수한 수입관세가 25억 유로에 달하는데, 이는 미국이 무역전쟁으로 EU에 끼친 손실과 비슷했다.

EU 외의 다른 국가들도 반격을 개시했다. 러시아는 무역전쟁으로 본 손실이 15억 달러에 이른다고 보고, 미국의 가금류 제품을 수입하지 않기로 했다.

2003년 3월 WTO는 미국이 철강에 고액의 수입관세를 부과한 것은 협정위반이라고 예비판결을 내렸다. 그리고 7월 미국이 WTO 협정을 위반했다고 최종적으로 판결했다. EU는 승기를 몰아 미국이 무역전쟁을 끝내지 않는다면, 부시가 속한 공화당의 표밭인 주들의 농산물과 공산품에 보복성 수입관세를 부과할 것이라고 위협했다. 결국 국내외의 거대한 압력에 미국은 6월과 7월에 철강제품 247종과 14종의 수입관세를 삭감했다. 12월에는 부시가 직접 성명을 발표해 무역전쟁은 일단락되었다.

:

## 자유무역과 보호무역의 흐릿한 경계

미국이 철강으로 다시 한번 무역전쟁을 일으킨 까닭은 2000년 이후 경제지표가 뚜렷한 하락세였기 때문이다. 물론 전 세계적으로 철강이 과잉 생산되어 미국 철강산업이 어려움을 겪고 있기도 했다. 미국은 3년간의 무역전쟁으로 자국 철강산업에 한숨 돌릴 여유를 주고 재기를 준비하게 했다. 그렇다면 미국은 정말 목적을 달성했을까. 확실히 미국이 철강의 수입관세를 올리자, 자국에서 생산한 철강가격이 급격히 상승했다. 하지만 이러한 상황이 미국 경제에 이로운 것만은 아니었다. 그 이유로, 첫째, 철강의 수입관세가 오

**미·중 무역전쟁**   2020년 1월 백악관에서 '미·중 1단계 무역합의'에 서명한 미국 대통령 트럼프와 중국 부총리 류허(劉鶴)의 모습이다. 이 합의로 중국이 2년간 2,000억 달러 규모의 미국 제품을 수입하기로 했다. 본격적인 수입관세 철회는 '미·중 2단계 무역합의'에 도달한 후의 일로 아직 요원하기만 하다.

르자 미국의 다른 산업들, 즉 자동차산업과 전자제품산업의 제조원가가 덩달아 올랐다. 이는 일반 국민의 삶에 영향을 미쳐, 철강의 수입관세가 40퍼센트 오르면 전자제품을 사는 데 매년 283달러를 더 내야 했다.

둘째, 실업률이 증가했다. 2002년 미국 철강산업 종사자는 20만 명인데, 철강소비산업(철강을 이용해 각종 소비재를 만들거나 유통하는 산업) 종사자는 1,200만 명이었다. 이때 철강의 수입관세가 20퍼센트 오르면 철강산업에는 9,000개의 일자리가 생기지만, 철강소비산업에는 7만 4,000개의 일자리가 사라졌다.

셋째, 결정적으로 미국 경제가 전체적으로 부실해졌다. 무역전쟁을 거치면서 미국에 철강을 수출하던 많은 국가가 손실을 보았다.

그렇다고 미국이 큰 이익을 얻은 것도 아니었다. 통상국들의 반격으로 수출은 오히려 감소했다. 이로써 막 회복하기 시작하던 미국 경제는 다시 한번 주춤할 수밖에 없었다.

역사적으로 수많은 무역전쟁을 치른 미국이지만, 대개 잇속을 차리지 못했다. 그런데 왜 비슷한 일들이 계속 반복될까. 일단 무역전쟁은 어느 정도 미국 내부의 문제들에서 비롯된다. 예를 들어 경제위기와 빈부격차가 심화해 민심이 동요하거나 특정 산업의 이익집단이 로비를 펼치는 상황 말이다.

이 외에 '패권안정론The Theory of Hegemonic Stability'이라는 흥미로운 관점도 있다. 이 이론을 간단히 정리하면 이렇다.

"미국이 세계 최고의 힘을 자랑할 때는 자연히 개방적인 무역 환경이 유지되길 희망할 것이고, 스스로 상당히 개방적인 무역 정책을 취할 것이다. 하지만 미국의 패권이 쇠퇴해 무역환경이 자국의 무역정책과 부딪히면 점점 보호무역을 추구할 것이다."

실제로 미국이 근래 일으킨 무역전쟁들을 쭉 돌아보면, 패권이 약해진다고 느낀 탓에 유달리 공격적임을 알 수 있다. 미국이 여전히 세계 제일의 경제대국이라는 점에서 이를 무시할 수는 없다. 달라진 상황에 유연하게 대처할 지혜가 필요한 시점이다.

# 세계사를 바꾼 15번의 무역전쟁

**춘추전국시대부터 팍스 아메리카나까지**

**초판 1쇄 발행** 2020년 8월 27일 **초판 4쇄 발행** 2023년 9월 20일

**지은이** 자오타오, 류후이
**옮긴이** 박찬철
**펴낸이** 이승현

**출판2 본부장** 박태근
**지적인 독자 팀장** 송두나
**편집** 김광연
**디자인** 김태수

**펴낸곳** ㈜위즈덤하우스 **출판등록** 2000년 5월 23일 제13-1071호
**주소** 서울특별시 마포구 양화로 19 합정오피스빌딩 17층
**전화** 02) 2179-5600 **홈페이지** www.wisdomhouse.co.kr

ISBN 979-11-90908-71-9 03900